Uma Ulrike Reichelt

Schnell und sicher ins Burnout

Uma Ulrike Reichelt

Schnell & sicher ins Burnout

5 Glücksgesetze, die Sie missachten müssen, um schnell alt, krank und unglücklich zu werden

dielus

dielus edition

Bücher für ein besseres Leben

Schnell und sicher ins Burnout, Uma Ulrike Reichelt

Dieses Buch wird durch einen unabhängigen Kleinverlag herausgegeben. Es wird versichert, dass keine Beteiligungen durch internationale Investorengruppen, Großverlage oder sonstige Konzerne bestehen. Der Inhalt dieses Ratgebers folgt ausschließlich freigeistigen und fachlich orientierten Gesichtspunkten.

Umschlagabbildung	©iStock.com/mbbirdy
Lektorat/Korrektorat	Manuela Winkler, www.text-und-ko.net
Fotograf, Autorenporträt	Olle Norgren
Illustration	Uma Ulrike Reichelt
ISBN	978-3-9818928-4-0

Printed in Germany

Bibliografische Information der Deutschen Bibliothek: Die Deutsche Bibliothek verzeichnet diese Publikation in der Deutschen Nationalbibliografie; detaillierte bibliografische Daten sind im Internet abrufbar über https://portal.d-nb.de.

Für meine Eltern.
Ich habe wirklich sehr großes Glück mit euch!

INHALTSVERZEICHNIS

DER WEG INS BURNOUT IST
EIN UNBEWUSSTER,

DER WEG IN RICHTUNG LEBENSGLÜCK
EIN BEWUSSTER.

VORWORT

Meine letzten Worte waren: „Ich kann einfach nicht mehr!" Dann brach alles in mir zusammen. Das war am Abend des 9. September 2003 und ich fand mich aufgelöst weinend im Arm einer Freundin wieder. Neun Tage später war ich für drei Monate in einer psychosomatischen Klinik. Für mich begann ein komplett neues Leben.

Was war geschehen? Über neun Monate hinweg hatte sich eine permanent ansteigende innere Spannung – eine Mixtur aus Angst, Unruhe und Kontrollverlust – in mir aufgebaut. Sie zerriss in mir an diesem Septemberabend ohne Knall, aber mit der gleichen Wucht einer Explosion. Immer mühsamer wurde mein Versuch, die Kontrolle über meine Lebensbereiche zu behalten, die mir wie eine glitschige Seife entglitten. Sie alle durchliefen eine große Veränderung, nachdem ich mir meinen Herzenswunsch erfüllt hatte und nach meinem 30. Geburtstag allein auf eine lange Reise gegangen war. Als ich nach 15 Monaten zurückkehrte, war ich von einer zunehmenden Instabilität betroffen. Meine Beziehung löste sich vor meinen Augen auf, verheißungsvolle Aufträge erfüllten sich nicht. Das Geld schwand von meinem Konto und ich hatte keinen festen Wohnsitz mehr.

Immer stärker werdende Zukunftsängste, Panikattacken und Sorgen, wie es jetzt weitergehen sollte, plagten mich – besonders nachts. Das Schlimmste war die Schlaflosigkeit, die meine innere Unruhe noch enorm verstärkte und meine Nerven blank liegen ließ. Damit war der psychische Puffer weg. Der innere Druck stieg unaufhaltsam. Ich war ihm voll ausgeliefert, denn ich stand unter Strom und fand den Ausschalter nicht mehr. Ich kam einfach nicht mehr heraus aus dieser Hochspannungsdauerschleife. Meine Nerven glühten und ich hatte ein Gefühl von Elektrizität in meinem Kopf. Das alles steigerte sich so lange, bis es zum Zusammenbruch kam.

Mit meinen damaligen Fähigkeiten konnte ich nicht förderlich auf diesen Stress reagieren, sondern blieb stattdessen nachts lange wach, sah fern, trank Kaffee und versuchte so, die hohe Anspannung in den Hintergrund zu drängen und für eine Weile zu vergessen.

Heute ist es zu meiner beruflichen Spezialität geworden, anderen Menschen dabei zu helfen, den Ausschalter ihres Stresses zu betätigen, endlich wieder zu entspannen und loszulassen und richtig viel Lebensenergie und Lebensfreude aufzubauen.

Für mich war das ein langer Weg, weil ich sehr viel ausprobieren musste, um endlich wirksame Methoden zu finden und spürbare Ergebnisse zu erzielen. Dabei habe ich etliche Aus- und Weiterbildungen durchlaufen, viel experimentiert, mir Expertenhilfe gesucht und mein eigenes Kraftpaket daraus entwickelt, das nie aufhört, sich weiterzuentwickeln, um noch effektiver Stress und emotionale Belastungen aufzulösen und gezielt mehr Lebenskraft aufzubauen. Dieses Kraftpaket wende ich heute – individuell zugeschnitten – auf meine Klienten an.

Bei meiner Einzel- und Gruppenarbeit mit ihnen lege ich außer auf den Abbau von Stress, Traumata und emotionalen Lasten großen Wert auf Bewusstwerdung, damit meine Klienten eine gute Selbstwahrnehmung und eine innigere und erfüllende Beziehung zu sich selbst, zu anderen Menschen und zum Leben entwickeln können.

Ich bin blind in den Zusammenbruch, aber bewusst aus ihm heraus. Dieser Prozess war leider weit entfernt von einem Wellnesstrip mit Saunalandschaft, Duftölen und Massagen. Mein Leben war über lange Zeit hinweg die reinste psychische Gratwanderung. Ich lebte von Tag zu Tag, begleitet von vielen diffusen Ängsten, Schlafstörungen, Gefühlen von Überforderung, überreizten Nerven und den merkwürdigsten Stresserscheinungen.

Ich hatte in meinen Dreißigern das Energieniveau einer Neunzigjährigen. Das heißt, ich schleppte mich durchs Leben. Hundert Meter langsam laufen – danach 15 Minuten ausruhen. Ich fragte mich manchmal, wie es wohl erst wäre, wenn ich einmal wirklich neunzig Jahre alt sein würde. So alt kann man sich gar nicht fühlen!

Es war immer mein Ziel, herauszufinden, wie ich so richtig gesund, energiegeladen und lebenslustig werden konnte – im Einklang mit mir selbst, mit anderen Menschen und dem Leben. Nicht wieder gut fühlen wollte ich mich, sondern besser als vor dem Zusammenbruch: mit echter innerer Balance, Verbundenheit und Kraft – ohne all die Abwehranlagen und Schutzpanzer.

Mein Therapeut sagte damals zu mir: „Ich finde es sehr mutig von Ihnen, dass Sie das ohne Tabletten schaffen wollen!" Ehrlich gesagt, ich auch, aber ich wollte lieber spüren, wo ich gerade wirklich stand, damit ich genau dafür einen Ausweg finden konnte. Es spornte mich noch mehr an, meine Probleme wirklich zu lösen und herauszufinden, was mich gesund machte in Körper, Geist und Seele. In der Klinik machte ich mir selbst ein Versprechen: Ab sofort lasse ich es mir so richtig gut gehen! Das war der Anfang eines langen, aber erfolgreichen Heilungsprozesses.

Mir geht es heute viel besser als vor dem großen Knall. Ich bin viel mehr ich selbst und fühle mich freier und lebendiger auch mit anderen Menschen. Mehr Entspannung, Kraft und innere Balance zu finden und nicht mehr der Spielball von Situationen, dem Verhalten anderer Menschen und von meinen eigenen Gefühlsreaktionen zu sein, das habe ich lange ersehnt. Es ist möglich. Das kann ich jetzt aus eigener Erfahrung sagen.

Ergebnisse sind heute bei meiner Arbeit mit Menschen das Wichtigste – und das aus gutem Grund: Leidenszeit haben wir meist schon üppig erfahren, positive Resultate hingegen zu wenig. Jeder, der schwere Zeiten erlebt hat, weiß, wie alt, krank und unglücklich man sich viele Jahre lang fühlen kann und wie sehr die Lebensqualität darunter leidet und in den Keller sinkt. Wiederaufzutauchen kann eine Weile dauern, zumal wenn wir eine längere Leidensphase hatten und sich unsere Persönlichkeit daran angepasst hat. Das Leid ist dann schon ein Teil von uns geworden.

Ich habe mich in TRE® nach Dr. David Berceli ausbilden lassen (Körperübungen zur Lösung von Anspannung, Stress und Traumata) und in EFT (Klopfakupressur) – eine geniale Kombination, wenn es um Burnout-Prophylaxe, Stressbewältigung und Traumalösung geht.

Parallel zur Einzel- und Gruppenarbeit für Privatpersonen gebe ich gemeinsam mit meiner Kollegin Seminare dazu in Unternehmen und Organisationen sowie Kurse zum Stressabbau und Krisenmanagement für Polizei, Feuerwehr und Rettungsdienste. Eine Ausweitung unserer Arbeit für traumatisierte Opfer von Terroranschlägen und deren Angehörige steht jetzt ebenfalls an.

Meine jahrelangen Schwierigkeiten haben mich sehr zum Hinschauen gezwungen, zum Fühlen, was wirklich los ist in mir, und zum Handeln – mich um das zu kümmern, was nicht im Lot ist. Wirklich ehrlich mit mir und meinen Problemen zu sein, mich aktiv um mein Wohlbefinden zu kümmern, mich intensiv weiterzubilden und Expertenhilfe zur Unterstützung zu suchen, das hat sich für mich als sehr heilsam erwiesen.

Methoden sind Hilfsmittel, um mit sich selbst, mit dem Leben und seinen Gesetzen wieder in Einklang zu kommen, Frieden zu schließen, um Altlasten der Vergangenheit hinter sich zu lassen und einen neuen, positiven Lebenskurs einschlagen zu können.

Was ich heute dank meiner langjährigen Erfahrung ganz sicher sagen kann, ist, dass kein Mensch auf Dauer Stress, Anspannungen und den Auswirkungen traumatischer Erfahrungen ausgeliefert sein muss. Es gibt heute wirksame Methoden, die gezielt helfen können. Es kommt – wie immer – neben der Eigeninitiative auf die geeigneten Mittel an.

Mein Zusammenbruch war für mich eine Art Neugeburt und ich habe Dinge gelernt und erfahren, die mir sonst verborgen geblieben wären. Er hat mich enorm vorangebracht in meiner persönlichen und beruflichen Entwicklung, auch wenn ich mich jahrelang nicht wohlgefühlt habe. Heute bin ich an dem Punkt, an dem ich ehrlichen Herzens sagen kann: Ich bin dankbar dafür.

Ich habe mir selbst aus einer großen Krise heraus von Punkt null ein ganz neues, positives Lebensgefühl erschaffen und Sie können es auch! Heute unterstütze ich andere Menschen dabei, ihren Traum zu verwirklichen und mehr Energie, Lebensfreude und erfüllende Beziehungen aufzubauen, sich frei zu machen von alten Mustern, emotionalen Schmerzen, Stress und Traumata. Mein Buch möchte Sie bei Ihrem ganz persönlichen Prozess begleiten. Zusätzlich zur Lektüre erhalten Sie unter

www.gluecksgesetze.com

Zugang zu meinen kostenfreien Videotrainings, die Ihnen dabei helfen werden, die hier vermittelten Anregungen noch besser umzusetzen.

Viel Erfolg und alles Gute auf Ihrem Weg wünscht Ihnen

Ihre Uma Ulrike Reichelt

Burnout braucht ein Milieu – über dieses Buch

Wissen Sie, was Sie tun müssten, um Ihre Beziehung an die Wand zu fahren, Ihren Job zu verlieren oder übergewichtig zu werden? Ihnen fallen bestimmt sofort einige wirksame Mittel ein.

Wenn mich andere damals fragten, wie es denn zu meinem Zusammenbruch gekommen war, habe ich immer die schwierigen Umstände aufgezählt. Aber ich merkte, dass das nicht die ganze Wahrheit war. Ich fing an, mir die damalige Situation, meine Reaktion und mein Verhalten anzusehen, und merkte recht schnell, dass ich zusätzlich Öl ins Feuer gegossen hatte – aus Unwissenheit und Vermeidung der unbequemen Gefühle.

Nur das ehrliche Zurückschauen auf das, was genau von meiner Seite zum großen Knall geführt hatte, und das Auflösen dieser Knackpunkte brachte mich vorwärts. Nur weg von der Katastrophe nach vorne zu stürmen, ist sehr begrenzt wirksam, denn die Vergangenheit wirft immer ihre Schatten voraus und sorgt mit den alten Mustern für eine Wiederholung der Problemsituationen.

Genau deshalb legt dieses Buch den Fokus auf unseren eigenen Anteil an der Entwicklung von Situationen: zuerst im negativen Sinne in Richtung Burnout, danach im positiven in Richtung Lebensqualität.

Das Buch ist in drei Hauptteile untergliedert. Im **ersten Teil** erfahren Sie mehr über die Hintergründe von Stress und Burnout: Was Stress mit Ihnen und Ihrer Lebensqualität macht, welche Stressarten es gibt und wie diese sich auf Ihre drei Hauptlebensbereiche auswirken. Sie werden erfahren, wie sich ein Burnout entwickelt und welche vier Erschöpfungsarten es gibt.

Oft wissen wir ganz genau, was wir gerade brauchen, und rennen trotzdem weiter ins Unglück. Was sind die Gründe dafür? Darauf werden Ihnen die 10 Gebote des Burnouts in Form eines Quiz erhellende Antworten geben.

Teil zwei beschäftigt sich mit den 5 Glücksgesetzen und wie sie eine Burnout-Dynamik bekommen, indem wir sie missachten. Wir stürzen uns also mit offenen Augen auf das Burnout! Wir machen uns ganz bewusst, was wir konkret tun müssten, um noch gestresster und kraftloser zu werden und diesen unerwünschten Erschöpfungszustand zu erreichen. So wird es schwierig, von einem Burnout plötzlich überrascht zu werden.

Sie werden erfahren, wo Sie bei jedem einzelnen Glücksgesetz gerade stehen und welche Ihrer Handlungen Sie dahin geführt hat. Sie werden sich also wiedererkennen können in Dynamiken und Verhaltensmustern. Dadurch werden Sie ganz genau wissen, was Sie in Zukunft tun oder unterlassen können, um eben nicht in der Endstation Burnout zu landen. Dieses Wissen kommt dann nicht von außen, weil andere Ihnen sagen, was Sie tun sollten, sondern aus Ihrer eigenen Erkenntnis und Verantwortung sich selbst gegenüber.

Am Ende von Teil zwei verdeutliche ich das Zusammenwirken der Glücksgesetze in einem Überblick und Sie werden erfahren, was genau das Missachten der Glücksgesetze so stark begünstigt und Sie ins Burnout führen kann.

Dritter Teil: Hier wird es angenehm! Nachdem Sie zuletzt erfahren haben, wie Sie erfolgreich ins Burnout geraten, schauen wir uns nun die Erfolgsformel für mehr Lebensglück an. Sie ist in einen Prozess eingebunden, dem ich den Namen Insight-Out-Prozess gegeben habe. Der Insight-Out-Prozess ist eine praktische Methode mit drei Komponenten, die dafür sorgt, dass wir mit den Glücksgesetzen leben und diese dadurch für uns arbeiten. Er hilft dabei, uns und unsere Bedürfnisse besser wahrzunehmen, uns mehr zu achten und zu pflegen – auf allen Ebenen. Wir werden die Verbindung zu den 5 Glücksgesetzen und ihren positiven Kernaussagen herstellen und ihr Zusammenwirken in Richtung Lebensglück im Überblick sehen.

Falls Sie jetzt denken: Ich habe wirklich keine Zeit, keine Kraft und Energie, um noch mehr zu tun oder etwas Neues zu lernen und mich um noch mehr zu kümmern – keine Angst, genau darum geht es hier nicht! Sie werden Zeit, Kraft und Zufriedenheit gewinnen, weil Sie lernen werden, Ihre Bedürfnisse und Grenzen besser zu spüren und gesunde Entscheidungen zu treffen. Dadurch können Sie überflüssige Dinge weglassen und Energieverschwendung vermeiden.

Wussten Sie, dass Menschen, die im Burnout landen, genau die Dinge intensiv tun, die viele Sterbende auf ihrem Totenbett bereuen und anders gemacht hätten?

Burnout kann eine zweite Chance sein, um aufzuwachen.
Es geht aber auch ohne ihn! Dieses Buch soll dabei helfen.

Der Vorteil eines Burnouts

Ein Zusammenbruch oder Burnout kann das Aufwachen aus einer Blase, einer konstruierten Scheinwelt, sein, in der die Grenzen verzerrt sind und es keine wirkliche Verbundenheit mit den Dynamiken des Lebens und mit sich selbst gibt. Man hat die Möglichkeit, ganz neu anzufangen und sich bewusst ein gesundes und erfüllendes Leben aufzubauen.

Der Nachteil eines Burnouts

Man lässt viele Federn und es kann sehr lange dauern, bis man zu neuer Kraft und Stabilität findet.

Burnout ist richtig Arbeit, kommt aber nicht allein vom Arbeiten. Es gibt die unterschiedlichsten Ursachen, sich zu erschöpfen oder zusammenzubrechen. Ihnen zugrunde liegen allerdings immer wieder die gleichen Muster und Lebensgesetze. Diese werden Sie in Form der 5 Glücksgesetze kennenlernen.

Von vielen Seiten und vorherigen Generationen wird uns vorgelebt, dass das Leben ein Kampf ist: „Reiß dich zusammen!" Dauerstress und hohe Belastung sind eher die Regel und normal geworden, ob in Beruf oder Privatleben. Der Tod durch Überarbeitung hat immer noch einen höheren gesellschaftlichen Stellenwert, als wenn jemand in einem Café zusammenbricht, in dem er es sich in den letzten Jahren hatte gut gehen lassen.

Anstrengung, blindes Durchhalten und Weitermachen scheinen uns nicht an erwünschte Ziele oder in die ersehnte Lebensqualität zu bringen. Lebenslust lässt sich schlecht erkämpfen. Ein Burnout schon. Disziplin, Durchhaltevermögen und echter Einsatz für uns und andere sind wertvolle menschliche Eigenschaften. Offensichtlich kommt es aber auch auf die Dosierung und auf andere Faktoren an, wie Sie später im Buch sehen werden.

Bewusstheit und Selbstwahrnehmung sind der erste und wichtigste Schritt hin zu mehr Lebensqualität, zu Gesundheit, Leichtigkeit, Lebensfreude und Erfüllung, denn die Reise in ein Burnout lebt sehr von der Blindheit uns selbst gegenüber, von unserem unbewussten eigenen Anteil sowie einer unrealistischen Einschätzung der eigenen Situation. Der Burnout-Prozess ist deshalb schleichend und unbemerkt, also uns unbewusst.

Burnout benötigt ein Milieu, in dem er wachsen und gedeihen kann.

Wir alle kennen den Begriff Milieu von Gewässern: wenn diese zum Beispiel kippen und ihr Milieu sich verändert. Das kann so weit gehen, dass wir nicht mehr in ihnen baden dürfen. Bei einem Burnout wird die Grenze der Belastbarkeit unseres persönlichen Milieus immer weiter überschritten, bis es zusammenbricht beziehungsweise kippt.

Wenn wir uns umschauen, dann sehen wir, ohne uns dabei anstrengen zu müssen, eines: Wir leben in einem riesigen Burnout-Milieu, in einem gesellschaftlichen Milieu von sehr hohem Leistungsdruck und Lebenstempo, von Multitasking, Informationsüberschuss, Bildschirmsucht und Ablenkung, das intensiv Burnout fördert und produziert. Es wird suggeriert, dass anstrengend und hart zu arbeiten die einzige Form ist, sich über Wasser zu halten.

Da Burnout und Erschöpfung zunehmend flächendeckende Phänomene sind, erscheint vielen Menschen kein Ausweg daraus möglich und sie reißen sich zusammen und strampeln sich weiter ab, um alles zusammenzuhalten und finanziell versorgt zu sein. Wer also im Burnout landet, ist keinesfalls allein!

So viel zum äußeren Milieu, das einerseits vor allem von einer menschenunfreundlichen Arbeitssituation geprägt ist, die viel mehr fordert, als sie zurückgibt, und dabei Verschleiß und Krankheit in Kauf nimmt. Andererseits nimmt die persönliche Selbstüberforderung ebenfalls neue Formen an: Wer nach der Arbeit freiwillig weitere Stunden vor einem Bildschirm zubringt und wieder nur Verpflichtungen erfüllt, hat natürlich keine Pause und die nötige Abwechslung und Entspannung. Was für ein wunderbarer Nährboden für Burnout!

Diese hohen Anforderungen und oft komplexen beruflichen und familiären Lebenssituationen treffen auf ein inneres Milieu, auf unsere Persönlichkeit und unsere inneren Lebensumstände, unseren Gedanken- und Gefühlshaushalt, unsere Erfahrungen und Vorbelastungen sowie unsere Fähigkeiten und Kompetenzen – auf unser Sein.

Inneres und äußeres Milieu stehen immer im Austausch miteinander und beeinflussen sich permanent. Ein Milieu kann deshalb wachstumsfördernd sein oder sich hemmend zum Beispiel auf die eigene persönliche Entwicklung auswirken – die Beeinflussung des Umfeldes trifft immer auf die innere Lebenshaltung und Milieu-Art.

Je nachdem, wie gut wir gelernt haben, für uns selbst zu sorgen, wie gut wir darauf vorbereitet sind, auch mit Schwierigkeiten umzugehen, und wie hoch unsere Stressbelastung bereits ist beziehungsweise wie wir sie meistern, können wir uns entweder erschöpfen und zusammenbrechen oder aber delegieren, Hilfe suchen und vorteilhafte Entscheidungen treffen, um gesund zu bleiben.

Wir alle haben sehr viele innere Kompetenzen und Stärken, die nur nicht genügend gefördert wurden in unserem Bildungssystem. Die wenigsten von uns haben gelernt, mit persönlichen oder beruflichen Krisen umzugehen, Stress abzubauen, gut auf sich zu achten und sich selbst zu stärken. Hinzu kommt, dass wir permanent und angestrengt mit unserer Außenwelt und deren Management beschäftigt sind, uns dabei selbst zu wenig spüren und wenn, dann oft erst, wenn es zu spät ist. Das hat weitreichende gesundheitliche Folgen und ist ein wunderbares Milieu für diverse Stresserkrankungen.

Wie wir unser persönliches Milieu zum Kippen bringen, das werden wir zuerst durchspielen, indem wir die Glücksgesetze missachten und in Richtung Burnout steuern. Danach lassen wir ein neues, positives Milieu entstehen und bringen uns auf Glückskurs.

1. Teil

STRESS
UND
BURNOUT

1.1 WAS IST STRESS?

Stress ist zuallererst immer ein Gefühl. Wir fühlen uns unter Zeitdruck oder spüren eine Angst, etwas nicht zu schaffen.

Das Bedürfnis nach Sicherheit ist immer das oberste Gebot für uns. Denn Sicherheit garantiert unser Überleben. Alles andere kommt danach. Stress ist eine Reaktion unseres Körpers auf eine Situation, die als herausfordernd, bedrohlich oder gefährlich wahrgenommen wird. Die Stress- oder auch Alarmreaktion hat vor allem einen Sinn: unser Überleben zu sichern. Deshalb kann man die Stressreaktion auch als Überlebensmechanismus bezeichnen.

Sie lässt uns Dinge tun, zu denen wir im Normalzustand nicht fähig wären. Das kann bei Herausforderungen sehr positiv und nützlich sein. Unser Körper ist allerdings nicht darauf angelegt, sich dauerhaft in diesem Zustand zu befinden. Warum, darauf gehe ich später genauer ein.

Die Überlebensreaktion ist in unserem Gehirn installiert wie eine App und stammt noch aus einer Zeit, in der unsere Vorfahren halb nackt mit wilden Tieren, Naturgewalten oder gegeneinander kämpften.

Heutzutage erleben wir zum Glück kaum so lebensbedrohliche Situationen wie unsere Eltern oder deren Vorfahren, dafür aber ein hohes Maß an alltäglicher Anspannung aufgrund des schnellen Lebenstempos, des Leistungs- und Zeitdrucks, der hohen Ansprüche an uns selbst und des ständigen Erreichbar- und Online-Seins. Ob in Schule, Ausbildung oder Studium, Beruf oder Familie – überall ist Stress und Anspannung zu finden, selbst in unserer Freizeit.

Dieser Dauerstress ist schleichend und wird deshalb oft unterschätzt, hat aber genauso wie eine unverarbeitete traumatische

Erfahrung gravierende Auswirkungen auf unsere Gesundheit, Leistungsfähigkeit und auf die Qualität unserer Beziehungen.

Die vier Ursachen für Stress

Was macht uns eigentlich Stress? Das Leben ist ja sehr abwechslungsreich und bunt und hat tausend Varianten zur Hand, um uns zu überraschen, herauszufordern und zu unterhalten. Aber wenn wir in dieser Fülle genauer hinschauen, dann können wir sehen, dass Enttäuschungen, Schmerz, Schwierigkeiten und Stress auf nur vier Ursachen zurückzuführen sind!

1. Ursache für Stress: Sie bekommen nicht, was Sie wollen.

Je mehr Sie es haben wollen, umso schmerzhafter ist es. Ein unerfüllter Kinder- oder Partnerschaftswunsch oder ausbleibende berufliche Anerkennung sind Beispiele hierfür.

2. Ursache für Stress: Sie verlieren etwas Liebgewonnenes, was Sie behalten wollten.

Der Partner verliebt sich in jemand anderen und läuft weg oder wir verlieren einen wichtigen Auftraggeber, unseren Job oder Geld.

3. Ursache für Stress: Sie bekommen viel zu viel vom Gewünschten.

Wenn Sie die spannendste Arbeit haben, die Sie innig lieben, aber viel zu viel arbeiten, dann wird selbst diese zur Belastung und verliert ihren Charme. Das gilt genauso für Überdosierungen aller möglichen Arten von Genuss – selbst für Urlaub.

4. Ursache für Stress: Sie bekommen genau das, was Sie nicht wollen.

Hierzu gehören all die Dinge, die uns Angst machen oder Ärger bereiten, zum Beispiel Krankheiten, Unfälle, laute Nachbarn, eine fette Steuernachzahlung, Verkehrsstau auf dem Weg zu einem wichtigen Termin, aufreibende Kollegen oder Kunden …

BEWUSSTER UND UNBEWUSSTER STRESS

Stress wird nicht nur bewusst erfahren, zum Beispiel wenn wir etwas Erschreckendes sehen, unter Zeitdruck stehen und noch so viel zu erledigen haben oder eine unangenehme Überraschung erleben.

Wer regelmäßig und oft die Nachrichten anschaut, hört oder liest und damit schon am Morgen beginnt, sorgt für eine stetige Fütterung seines Alarmzentrums und für eine gute Portion Aufregung im System.

Interessanterweise zeigen blitzschnelle Informationen, zum Beispiel in Form von Bildern, die nur für eine Dauer von 10 bis 30 Millisekunden erscheinen und von uns nicht bewusst als Stressinhalte wahrgenommen werden, im Gehirn dieselbe alarmierende Wirkung wie bewusste Stressauslöser.

Positiver und negativer Stress

Stressreaktion ist eine Mobilisierung unserer Kräfte und Aufmerksamkeit und darauf angelegt, dass wir gefährliche Situationen überleben, erhöhte Herausforderungen meistern können und uns weiterentwickeln. Stress befähigt also zum einen. Es handelt sich hierbei um den sogenannten Eustress, den positiven Stress. Mit Eustress werden Anforderungen bezeichnet, die uns einen Kick geben, besondere Leistungen vollbringen lassen und uns voranbringen im Leben.

Treten aber aufgrund von herausfordernden Situationen und hohen Anforderungen physische und psychische Belastungen auf, so werden diese ebenfalls als Stress bezeichnet. Hier werden die Herausforderungen als überwältigend und zu viel empfunden. Der sogenannte Disstress – die negative Variante von Stress – lässt grüßen! Bei dieser Form von Stress fehlen der positive Antrieb und die Begeisterung für die Sache oder sie gingen verloren und man fühlt sich nur noch unter Strom und unter dem Druck, es irgendwie schaffen zu müssen. Ein Burnout ist weit von einem positiven Kick entfernt, vielleicht hat es aber einmal mit ihm begonnen.

Die sechs Arten von Stressoren

Stressoren sind Stressauslöser und es gibt ihrer viele, aber sie entspringen immer mindestens einer der folgenden sechs Gruppen. Jeder Mensch empfindet sie unterschiedlich, je nach Konstitution, Vorbelastung und momentaner Verfassung – dem körperlichen und psychischen Zustand.

Sie können **1. von außen** aus unserer Umgebung kommen oder **2. in uns** sein. Sie können **3. plötzlich auftreten** und uns umhauen wie ein Unfall, eine starke Enttäuschung oder eine schockierende Diagnose. Oder sie sind schon **4. über eine längere Zeit** da: Dauerstress im Büro oder in Beziehungen, Arbeitslosigkeit, eine ungünstige Wohnsituation oder Krankheit. Sie können **5. physischer Natur** sein wie eine hohe körperliche Anstrengung, Unfälle, Operationen, Krankheiten, Mangelzustände, Reize in Form von Lärm, Licht, Gerüchen oder zu vielen Menschen. Oder sie sind **6. psychischer Natur** wie Termindruck, ein hohes Arbeitspensum, Kritik, ständige Erreichbarkeit und Flexibilität, hohe Ansprüche und Perfektionismus.

WAS BEI STRESS IN UNSEREM ORGANISMUS PASSIERT

„Stress ist ein Ganzkörpererlebnis", schreibt Prof. Christian Schubert sehr treffend in seinem Sachbuch „Was uns krank macht, was uns heilt" (Munderfing, 2016). „Wenn ein Mensch sich überfordert fühlt, ist sein gesamter Organismus bis in das Zellinnere hinein beteiligt."

Unser vegetatives Nervensystem, das für die lebenswichtigen Anpassungen an äußere Umstände, zum Beispiel sich verändernde Temperaturen, eine Gefahrensituation oder körperliche Anstrengung, zuständig ist, spielt bei Stress eine zentrale Rolle.

Wir unterscheiden zwischen dem Sympathikus und dem Parasympathikus. Der eine bringt unser System auf Hochtouren, der andere entspannt es wieder. Sie funktionieren wie Gegenspieler, da sie meist gegensätzliche Wirkungen auf unsere Organe und unsere Psyche haben. Sie verwirklichen für uns das körperliche und psychische Spektrum zwischen totaler Entspannung und absoluter Alarmbereitschaft und gleichen diese Zustände auch wieder aus. Sie sind keine Organe, sondern im ganzen Körper verteilt.

Und Action! Der Sympathikus versetzt unseren Körper in eine höhere Anspannung, Aufmerksamkeit und Fluchtbereitschaft. In Stress- und Gefahrensituationen sorgt er für eine stärkere Pumpleistung des Herzens, einen höheren Blutdruck durch verengte Blutgefäße, für eine verminderte Verdauungstätigkeit und Schweißbildung, die wir alle kennen, wenn wir einen wichtigen, aufregenden Termin haben. Hier sind sie, die kalten feuchten Hände, der trockene Mund und der Schweißausbruch wie bei einem Workout!

Dank des Sympathikus sind wir in solchen wichtigen Situationen voll da – ohne Müdigkeit und Hunger zu spüren. Sie treten erst später wieder in Erscheinung, wenn der Stress vorbei ist und sich der Parasympathikus einschaltet, um unseren Körper und unsere Psyche wieder in einen ausgewogenen Zustand herunterzuregeln.

Der Parasympathikus: Nicht nur ein sehr guter Urlaubsbegleiter, auch im Alltag ist er heiß begehrt, aber leider zu oft dem aufregenden Sympathikus unterlegen.

Er ist voll auf Entspannung eingestellt, ganz anders als sein Gegenpol. Er ist es, der uns so richtig gut abschalten und ruhen lässt. Er lässt die Herzfrequenz und den Blutdruck sinken, unser Körper wird warm, locker und schwer, die Atmung langsamer und tiefer und mit der Verdauung klappt es auch wieder richtig. Die Welt ist so schön!

WAS IST EINE STRESSREAKTION?

Bei einer Stressreaktion spielt es keine Rolle, ob Ihr Verstand eine Situation als bedrohlich bewertet oder nicht. Ihr Zentrum für Gefahrenbewertung, die Amygdala, übernimmt das freundlicherweise für Sie. Es handelt sich hier um eine autonome Reaktion, das heißt, Sie haben keinen bewussten Einfluss darauf, können aber lernen, die Amygdala wieder zu beruhigen, zum Beispiel mit Meditation und Klopfakupressur (auch bekannt als EFT).

Die Amygdala sitzt in einer sehr alten Region unseres Gehirns, dem Säugergehirn, auch Limbisches System genannt. Das Limbische System nennt man auch das „Gefühlshirn", da dort alle Grundgefühle ungefiltert „lagern". Die Amygdala scannt unsere Umgebung unentwegt auf mögliche Gefahren und schlägt Alarm, wenn sie es für nötig hält. Sie erinnert sich auch an frühere Gefahren, um uns in der Zukunft vor ihnen zu warnen und zu beschützen.

Bei traumatisierten und dauergestressten Menschen ist sie immer etwas im Alarmzustand, was zu einer erhöhten, angespannten Wachsamkeit führt. Sie wittern dann überall Gefahr und sind sehr schreckhaft.

Was passiert, wenn die Amygdala rotsieht?

In unserem Körper wird eine sogenannte HHN-Stressachse, eine Kettenreaktion von Hypothalamus zur Hypophyse und Nebenniere, in Gang gesetzt, um uns auf die Gefahr vorzubereiten und blitzschnell reagieren zu lassen – also möglichst so, dass wir überleben. Und was benötigen wir in diesem Fall dazu? Wir benötigen Energie, Kraft und eine schnelle, fokussierte Reaktion! Und zwar sofort!

Nachdem die Amygdala sich also erschrocken und ein kleines Kreischen ausgesendet hat, verbreitet sich die Nachricht „Achtung! Hilfe!" über den Hypothalamus – den „twitter" des Gehirns, wie ihn Prof. Rebecca Campbell in ihrem Vortrag „The Neurobiology of Trauma" (als Video auf Youtube) nennt – wie ein Lauffeuer in unserem Organismus. Er bildet ein Hormon, das auf die Hypophyse einwirkt. Prompt signalisiert diese die Produktion der nötigen Stresshormone an die Nebenniere, die diese gut gelaunt und zügig umsetzt. Die Stresshormone Cortisol und Adrenalin kommen ins Spiel. Jetzt kann es losgehen! Wir bekommen gratis einen riesigen Energieschub, vergessen sind all unsere Probleme und was wir noch einkaufen wollten. Dank des Sympathikus sind wir hellwach und unser Fokus verengt sich auf den Fluchtweg. Wir ballen die Fäuste, unsere Muskulatur spannt sich an und zieht sich in unserer Körpermitte zusammen, um die lebenswichtigen Organe zu schützen. Das Herz schlägt schnell und die Atmung ist intensiver und flacher, die Verdauung läuft nur auf Sparflamme und unser Blut wird mit Hochdruck durch die Adern gepumpt. Alles läuft bestens! Wir sind bereit! Wofür?

Das entscheiden wieder einmal nicht Sie bewusst, es geschieht instinktiv, je nachdem wie der Hormoncocktail in Ihrem Blut ausfällt – so beschreibt es Prof. Rebecca Campbell.

Glauben Sie, dass man in diesem Zustand gute Entscheidungen trifft, sich klar darüber ist, was im Moment wirklich wichtig ist, oder ein zugewandtes und offenes Gespräch mit dem Partner führen kann?

DIE VIER ARTEN, AUF STRESS ZU REAGIEREN

Auf Herausforderungen und Stressoren reagieren wir hierarchisch: mit unseren im Laufe der Evolution zuletzt erworbenen Fähigkeiten zuerst.

1. Reaktionsmuster: Soziales Engagement

Hier wird mit Mimik, Gestik, Stimmlage und Sprache versucht, die Situation zu entspannen. Eine gute Selbstregulation der eigenen Gefühle ist dabei sehr wichtig. Das kann impulsive Reaktionen und Eskalationen verhindern.

2. Reaktionsmuster: Flucht
Ihr Fokus ist schon auf diesen möglichen Ausgang der Geschichte gerichtet und ihr Körper wird losstürmen, auch wenn Sie dachten, eigentlich nicht schnell rennen zu können, und vielleicht sogar Schmerzen haben. Keine Angst, dafür sorgen die Opioide! Dieses natürliche Morphin nimmt Ihnen den Schmerz und sorgt für einen Sprint, an den Sie sich noch lange erinnern werden – schmerzfrei!

3. Reaktionsmuster: Kampf
Wenn aus irgendwelchen Gründen eine Flucht nicht ausführbar ist, kommt es zur nächstmöglichen Reaktion: zum Kampf. Auch diese Reaktion ist instinktiv und kann zu Überraschungen führen, wenn Sie sich im Nachhinein fragen, wie Sie den Angreifer eigentlich überwältigt haben – als so friedliebender Mensch – und woher Sie in Gottes Namen eigentlich Karate können.

4. Reaktionsmuster: Erstarrung, sich tot stellen
Wenn alle vorherigen Varianten nicht möglich waren, tritt die Erstarrungsreaktion oder auch der Totstellreflex ein. Im Tierreich zum Beispiel sind leblos wirkende Tiere weniger attraktiv bei der Jagd und der Angreifer verliert dann recht schnell sein Interesse und lässt ab. Diese Erstarrung ist wie ein Einfrieren unserer Energie. Menschen wie auch Tiere zittern und schütteln sich erst einmal ordentlich, wenn die Gefahr vorüber ist und sie wieder beweglich werden.

In früheren Zeiten wurde die hohe Energie, die vom Cortisol bereitgestellt wurde, auf der Flucht oder im Kampf auch wieder abgebaut. Sie wurde verbraucht. Blieben Reste zurück, dann stellte sich auf natürliche Weise ein Zittern oder Vibrieren im Körper ein. Damit war die Situation abgeschlossen. Der Alarmmodus gehört mit dem Entspannungsmodus zusammen. Leider bleiben wir meist im Spannungszustand stecken, weil wir den Zugang zu seinem Pendant verloren haben.

Im Arbeitsalltag der meisten Menschen ist es normal, dass die bereitgestellte Stressenergie körperlich nicht verbraucht und wegen des vielen Sitzens noch mehr im Körper aufgestaut wird. Kaum jemand fängt im Büro eine Prügelei an oder flieht nach Hause, obwohl das vielleicht manchmal ganz erleichternd wäre.

Die ungünstigste Kombination ist eine hohe Anspannung bei wenig Bewegung und ohne gezielten Stressabbau. Energiestau und Stresshormone machen ein entspannendes Abschalten schwer möglich, aber dafür die Reise ins Burnout sehr geschmeidig.

Diesen Entspannungsmechanismus wieder zugänglich zu machen (mit der TRE®-Methode), ist ein sehr wichtiger Teil meiner Arbeit mit Klienten.

Flucht, Kampf und Erstarrung im Alltag

Wie unsere Stressreaktionen im Alltag in Erscheinung treten und wie sie unser Verhalten und die Qualität unserer Beziehungen beeinflussen, wenn uns Zeit- und Erfolgsdruck stresst, das schauen wir uns jetzt an.

Flucht: Im Alltag kann sich Flucht im Vermeiden von Konflikten oder im Ausweichen vor unangenehmen Themen äußern. „Ich habe jetzt gleich einen ganz wichtigen Termin, können wir das ein anderes Mal besprechen oder kannst du das bitte erledigen?“ Für unsere Beziehungsebene birgt das jedenfalls viel Konfliktpotenzial.

Sich zurückzuziehen und anderen Menschen auszuweichen oder auch das beliebte Aufschieben von als schwierig empfundenen Dingen sind ebenfalls Fluchtvarianten und gehören hierher. Ein wichtiger Anruf, die Steuererklärung, die zu machen ist, oder den überladenen Schreibtisch aufzuräumen, vielleicht auch alles zusammen: Es gibt viele Gründe, zu flüchten! So kann es kommen, dass wir beruflich nicht über bestimmte Hürden springen, nicht weiter gelangen und wichtige Projekte oder persönliche Sehnsüchte nie verwirklichen.

Kampf: Hier wird schnell, aggressiv und impulsiv zum Angriff übergegangen und voller Ungeduld auf Situationen und Menschen reagiert, die nicht genau oder nicht schnell genug das machen, was wir gerade wollen.

Andere werden als massiv inkompetent wahrgenommen und schnell kritisiert, denn man selbst kann einfach alles viel besser und schneller. „Wieso dauert das jetzt wieder so lange?!“ Das Kampfmodell – unbeherrscht und nah dran am lautstarken Ausflippen – ist ganz schlecht für ein nettes Klima zu Hause und am Arbeitsplatz.

Der Kampfmodus führt auch dazu, weiterzumachen, auch wenn es keinen Sinn ergibt oder unangemessen ist. Noch mehr zu arbeiten, sich durchzukämpfen, um alles zu schaffen, und bloß nicht aufzugeben ist hier das Prinzip.

Erstarrung: Sie setzt ein, wenn man plötzlich empfindungslos und vielleicht auch reglos wird aufgrund einer Bemerkung, eines Ereignisses oder einer Anforderung. Man fühlt sich taub, emotional unbeteiligt und wie blockiert.

In einer engen Beziehung kann dies ausgelöst werden durch intensive Nähe oder im Alltag durch das „Öffnen“ einer schmerzhaften emotionalen „Datei“. Diese Öffnung und Verletzbarkeit wird dann als sehr bedrohlich empfunden und erzeugt die Erstarrungsreaktion. Sie kann solche Worte hervorrufen wie: „Da ist nichts mehr, ich liebe dich nicht mehr. Es ist aus."

Die Trennung ist für diesen Menschen eher schmerzfrei und mit einem Gefühl der Erleichterung verbunden, weil die „Gefühlsgefahr" vorüber ist. Für die zwischenmenschliche Beziehung ist auch diese Variante nicht besonders erfreulich.

Stresssymptome und ihre Wirkung

Stress raubt Energie: Haben Sie schon einmal bemerkt, wie Sie sich im Hinblick auf Ihre Energiereserven fühlen, nachdem Sie sich so richtig aufgeregt haben?

Stress und Aufregung verbrauchen sehr viel Energie. Das sorgt auf Dauer zusätzlich zum normalen täglichen Energieverbrauch für eine gravierende Erschöpfung.

Stress macht krank: Auf Stress reagiert unser Körper mit einer Entzündungsreaktion. Bei Dauerstress ist unser Immunsystem geschwächt und Krankheiten können viel schneller Fuß fassen. Eine erhöhte Infektanfälligkeit, bösartige Erkrankungen und eine verzögerte Wundheilung sind die Folgen. Hinzu kommen gerne Magen-Darm-Probleme, Bluthochdruck und Depressionen, ein erhöhter Blutzuckerspiegel, Hörsturz oder Tinnitus. Druckgefühle und Enge in Kehle und Herzbereich können ebenfalls auftreten. Auch Osteoporose wird gefördert, weil ein Cortisol-Überschuss dafür sorgt, vermehrt Kalzium auszuscheiden.

Stress hält wach: Schlecht abschalten zu können und Schlafstörungen sind Folgen des Alarmzustands, in dem sich unser Körper unter Stress befindet. Die Stresshormone setzen Energie frei, die uns aktiv und wach hält. Ärger, Sorgen, Ängste und Panikattacken sind beliebte Inhalte schwungvoller Kreisgedanken, die Ein- und Durchschlafstörungen mit Leichtigkeit produzieren. Verkürzte Tiefschlafphasen und ein dadurch flacher, unruhiger und unbefriedigender Schlaf sind die Folge. Schaut man am nächsten Morgen in den Spiegel, scheinen im Gesicht über Nacht Jahre vergangen zu sein.

Stress macht lustlos: Bei Dauerstress kommt es zu einem Stressstoffwechsel, der wichtige Aminosäuren, die für das Gehirn bestimmt sind, um Gute-Laune- und Antriebshormone zu produzieren, für die Energiegewinnung verbraucht. Damit steigt die gefühlte Belastung noch stärker an, was wiederum zu noch mehr Stress führt.

Auch das liebe Sexleben leidet zunehmend unter Lustlosigkeit, da der Testosteronspiegel absinkt und sich eine immer stärkere Erschöpfung und Energielosigkeit manifestiert.

Stress macht gefühllos: Wenig oder gar nichts zu fühlen wird normal. Man verliert das Einfühlungsvermögen für sich selbst, für andere Menschen und Situationen. Das Gefühl für den eigenen Körper und das unmittelbare Befinden – also unsere Rückkopplung und damit das wichtigste Instrument zu wissen, was richtig und angemessen ist – geht verloren. Die Kommunikation mit der eigenen Intelligenz ist unterbrochen und wir übergehen so schneller uns selbst und andere – und merken es nicht. Eine Art von Gefühlstaubheit, rationaler Unterkühltheit und Distanziertheit tritt auf.

Stress macht alt: Unter anhaltendem Stress bilden sich im Körper viele freie Radikale, die neben Krankheiten auch den Alterungsprozess vorantreiben. Das Stresshormon Cortisol ist ein kataboles (abbauendes) Hormon, das zum Beispiel den Muskelabbau fördert und anabole (aufbauende) Hormone verdrängt. Die

„Rückenwindhormone des Antriebs", der guten Laune und Belastbarkeit, wie der Präventivmediziner Dr. Michael Spitzbart sie bezeichnet, nehmen immer mehr ab und die gefühlte Belastung steigt an, was die Burnout-Spirale so richtig in Schwung bringt.

Stress macht leider auch dumm: Dauerstress tötet Gehirnzellen ab. Gedächtnisleistung, Konzentration und Entscheidungsfähigkeit lassen nach.

Unser sogenanntes Denkhirn, der präfrontale Cortex direkt hinter unserer Stirn, ist mit der Amygdala verbunden. Wenn sie rotsieht, fällt es dem Denkhirn schwer, vernünftig zu arbeiten, Lösungen zu finden, sich mit Zukunftsplanung zu beschäftigen und Entscheidungen zu treffen.

In diesem Zustand ist der berühmte rote Faden einfach nur ein Knäuel.

Stress macht blind: Da unser Denkhirn vom Gefühlshirn unter Stress übersteuert wird, können wir Konsequenzen von Handlungen nicht richtig abschätzen und verlieren unsere Weitsichtigkeit und Umsicht. Unsere eigene Situation wird verzerrt und unrealistisch wahrgenommen.

Stress macht auch beratungsresistent: Hinweise von Freunden, Kollegen oder aus Ratgebern prallen ab, weil der Kanal voll ist und sich das Gehirn in einem nicht oder stark vermindert aufnahmefähigen Zustand befindet.

Stress macht impulsiv: Das überaktive Gefühlshirn dominiert unsere Reaktionen, wir denken nicht zuerst und handeln dann, sondern umgekehrt.

Cortisol lässt all die Dinge verlockend erscheinen, die eigentlich nicht gut sind für uns. Unter Stress leidet dann zusätzlich oft der Lebenswandel. Wir essen ungesünder – mehr Zucker, Kohlenhydrate und Fastfood – nutzen gerne Alkohol und Tabletten zum Entspannen, bewegen uns weniger oder viel zu viel und merken einfach nicht, wann Schluss ist. „Ich bin noch nicht müde! Ich gehe jetzt joggen!“, „Nur noch diese eine Mail!“ …

Elementare Bedürfnisse werden erst übergangen und dann kompensiert mit Ersatzmittelchen, die gute Gefühle machen und die unangenehmen Empfindungen, die durch den Stress entstanden sind, ausblenden sollen.

Stress macht ängstlich und schnell überreizt: Gefühle von Unsicherheit, Sorgen, Ängstlichkeit und Panik treten gerne bei anhaltender Überforderung auf. Äußere Reize wie Geräusche, Licht und Informationen können intensiver wirken und die Nerven zusätzlich überreizen.

Stress macht unsozial: Wir nehmen uns selbst und unsere Grenzen und Befindlichkeiten weniger oder gar nicht wahr und damit auch nicht die unserer Mitmenschen.

Laut Mark Waldman, einem bekannten amerikanischen Hirnforscher, ist das Hirnareal für Mitgefühl bei Stress ausgeschaltet. Zum Fühlen braucht es Zeit und sie ist es, die sich die wenigsten nehmen. Meistens wird versucht, dem Druck auszuweichen oder ihn einfach weiterzugeben, und so rennen viele Menschen mit Scheuklappen und Ellenbogen gestresst ihren Interessen hinterher.

Aufmerksam zuzuhören mit einem Gespür für die andere Person ist hier ein seltener Gast. In Beziehungen ist stattdessen gern intellektuelles Rationalisieren und Argumentieren angesagt.

Stress macht verspannt und unflexibel: Im Stressmodus zieht sich unsere Körpermitte zusammen, der Atem ist dadurch flach und der Bauch verspannt eingezogen. Es wird eine starke Muskelanspannung erzeugt, die deutliche Spuren im Körper hinterlässt: Er wird auf Dauer steif und unflexibel wie ein Stück Holz, das man mit sich herumschleppt.

Nachts wird gerne und ausführlich mit den Zähnen geknirscht. Die Kiefer- und Nackenmuskulatur sowie der Psoasmuskel im Bauchinneren sind besonders verspannt. Sie ziehen im weiteren Verlauf der Anspannung andere Muskelgruppen mit hinzu.

Wie sehr die eigene ursprüngliche Körperstruktur aus dem Lot geraten kann und welche Auswirkungen das auf unseren gesamten Körper hat, wird sehr gut bei der Faszienmassage namens Rolfing® deutlich.

Stress macht sauer: Ein saurer Organismus ist ein sehr gutes Milieu für viele Krankheiten – und schlechte Laune.

Stress macht die Arbeit hektisch, anstrengend und unkreativ: Unter Hochdruck läuft der Überlebensmodus, der nicht dazu da ist, Kreativität zu fördern, sondern der für Flucht, Kampf oder Erstarrung sorgt.

Manche Menschen arbeiten unter einem gewissen Druck besser, weil sie dann mehr Antrieb verspüren (Eustress). Zu viel davon ist allerdings hemmend und belastend. Bei einem stark erhöhten Cortisollevel ist die Leistungsfähigkeit sehr vermindert und damit nicht für optimalen Erfolg und Ertrag geeignet. Die Arbeit fühlt sich in diesem Bereich anstrengend an. Man kämpft sich durch (Disstress).

Stress mindert die Attraktivität und Ausstrahlung: Wenn Stress zum Dauerbrenner wird, dann überlagert er zunehmend das eigene Wesen und die Persönlichkeit und übernimmt zu einem starken Teil die Ausstrahlung. Das kann so weit gehen, dass die Person hinter Hektik und Anspannung verschwindet und man sie nur noch selten zu Gesicht bekommt. Auf Dauer entwickelt sich eine Stresspersönlichkeit. Lebendigkeit im Ausdruck und eine natürliche Präsenz und Autorität weichen einer verhärteten und abwesenden Ausstrahlung.

Stress mindert die Durchsetzungs- und Überzeugungskraft: Da das aufbauende (anabole) Hormon Testosteron, das für Durchsetzungsvermögen und Zielstrebigkeit sehr nützlich ist, bei anhaltendem Stress vom Cortisol verdrängt wird, können diese zwei wichtigen Eigenschaften darunter leiden.

Hinzu kommt, dass bei Stress unsere Atmung flach ist und sich unser ganzer Körper in Anspannung befindet. Das führt dazu, dass unsere Stimme verengt und höher klingt und unser Körper keine flexible Standfestigkeit und Präsenz ausstrahlt. Diese beiden entscheidenden Komponenten, dank derer andere Menschen uns instinktiv zuhören, uns ernst nehmen und für kompetent halten, sind massiv geschwächt. Das können auch brillante Informationen nicht wettmachen. Stimm- und Körperpräsenz – das „Trägermaterial" der Informationen – muss stimmen, damit diese auch optimal angenommen werden können.

WAS BEI DAUERANSPANNUNG UND STRESS MIT UNS PASSIERT

Hans Selye, der „Vater der Stressforschung", entwickelte in den 1930er-Jahren den Begriff Adaptionssyndrom (allgemeines Anpassungssyndrom) und die Grundlagen der Lehre vom Stress. Seine zahlreichen Arbeiten wurden in viele Sprachen übersetzt. Er brachte das Wort Stress weltweit unter die Leute.

Sein Adaptionssyndrom beschreibt den Weg von Stress zu Burnout sehr gut. Wer über einen langen Zeitraum unter Stress steht, reagiert seinem Modell zufolge in drei Phasen.

Phase 1: **Die Alarmreaktion** haben wir bereits ausführlich besprochen. Das sympathische Nervensystem läuft auf Hochtouren und es werden Stresshormone bereitgestellt. Der Körper befindet sich in erhöhter Leistungsbereitschaft, Anspannung und Aktivität.

Phase 2: **Die Widerstandsphase** nimmt ihren Lauf, wenn der Stress weiter anhält. Das entspannende parasympathische Nervensystem versucht dann – für einen gewissen Zeitraum – gegenzusteuern, um die Stresshormone abzubauen und den Normalzustand wiederherzustellen.

Phase 3: **Das Erschöpfungsstadium** tritt ein, wenn der Körper nicht mehr weiß, was er tun soll, und die Regulationsmechanismen von Anspannung und Entspannung – von Sympathikus und Parasympathikus – aus dem Gleichgewicht geraten sind, sich sozusagen im Stressmodus aufgehängt haben. Ein Zusammenbruch oder Burnout ist die Folge. Unser Burnout-GPS verkündet dann: „Sie haben Ihr Ziel erreicht!“

TOD ODER QUANTENSPRUNG

Geraten Systeme oder Organismen unter Stress, dann versuchen sie, mit diesem fertig zu werden. Das System wird aufgemischt und durchgeschüttelt. Bis zu einem bestimmten Punkt wird dies abgefedert und ausgeglichen. Das sorgt durchaus für Anregung und Abwechslung.

Wird der kritische Punkt jedoch überschritten, können zwei verschiedene Reaktionen die Folge sein:

Die eine ist der Exitus. Das System bricht zusammen und stirbt. Das können zum Beispiel ganze Gesellschaften, Organisationen, Unternehmen oder unser eigener Organismus sein. Ein tödlicher Schlaganfall oder Herzinfarkt gehört zum Beispiel hierher.

Die zweite Variante ist die der Evolution. Das System bricht auch hier zusammen, organisiert sich aber dann – im besten Fall auf einer höheren Ebene – völlig neu. Das bringt nach anfänglichen Schwierigkeiten einen unglaublichen Wachstumsschub mit sich: Weiterentwicklung pur!

Genau das trifft auf bestimmte einschneidende Lebensereignisse, wie Trauma, Zusammenbruch oder Burnout, zu. Das alte Leben mit seinen (Über-)Lebensstrategien ist zusammengebrochen und muss sich auf einer höheren Ebene mit einer erweiterten Weltsicht neu formieren. Traumatische Ereignisse müssen verarbeitet werden, um zum Sprungbrett in die nächste Liga zu werden.

Geschieht das nicht, dann kann man in einer Zwischenwelt stecken bleiben, in der Notaufnahme sozusagen, und der nächste Schritt auf die höhere Ebene kann nicht vollständig vollzogen werden. Ich treffe diesen Zustand immer wieder bei traumatisierten Klienten an und wir arbeiten dann zuerst an diesem Problem, um aus der Notaufnahme wieder ins Leben und zurück zu Vitalität zu gelangen.

Viele Menschen empfinden nach einem Burnout ihr Dasein als völlig neu, sowohl innerlich als auch äußerlich – als ein Dasein, das ihnen mehr entspricht und in dem sie das tun, was sie schon lange tun wollten, oder das sie Dinge auf eine neue Art sehen und umsetzen lässt, mit der sie sich wohler, verbundener und erfüllter fühlen.

FAZIT

Stress ist mehr als ein Modewort. In Stress geraten wir sehr schnell hinein, aber kaum jemand von uns hat je gelernt, wie er wieder den Weg hinausfindet. Das ist ein sehr großes Dilemma.

Wir stehen ziemlich hilflos da mit all den vielen Reizen, Informationen, Anforderungen und dem Leistungsdruck, der sich wie eine elektrische Ladung aufbaut. Bei akutem Stress brauchen wir mehr als Sport und Meditation. Wir benötigen gezielte Methoden, die unserem Körper helfen, sich von überschüssiger Spannung zu befreien, sodass wir wieder besser abschalten, zur Ruhe kommen und schlafen können und einen freien, klaren Kopf bekommen. Zu solch wirksamen Methoden gebe ich Ihnen am Ende des Buches nützliche Hinweise.

Belastender Stress, der bereits erwähnte Alarmzustand, ist DAS Hindernis, wenn wir uns etwas nicht getrauen zu tun oder Dinge aufschieben, den einen wichtigen Anruf nicht erledigen oder die eine Person, die uns interessiert, eben doch nicht ansprechen, Angst davor haben, unsere Meinung zu sagen oder vor anderen Menschen zu sprechen, wenn wir uns aufgrund früherer Verletzungen von anderen Menschen zurückziehen oder ungeduldig und mit Scheuklappen durch den Tag hetzen.

Stress ist ein Gefühl und wird erlebt, wenn unser Sicherheitsempfinden körperlich, geistig oder emotional in Aufruhr ist. Stress wird dann als Überlastung empfunden, wenn die eigenen Möglichkeiten, mit einer herausfordernden Situation umzugehen, auf Dauer nicht ausreichen, also keine Lösung gefunden wird, die zu einer Entspannung der Situation führt. Die Latte hängt dann immer zu hoch und es wird schwieriger und schwieriger, Kraft aufzubringen und frohen Gemüts zu bleiben.

Die vielen Stresssymptome zeigen, dass unser Körper nicht für den Alarmfall als Dauerzustand ausgerüstet ist. Dauerstress geht alles andere als spurlos an unserem Körper und unserer Psyche, unseren Beziehungen, unserer Leistungsfähigkeit und Lebensfreude vorbei. Oder anders ausgedrückt: Stress macht alt, krank und unglücklich – und lässt uns ausgebrannt zurück.

Wir sind nicht dafür geschaffen, ständig unter Strom zu stehen. Hält dieser Zustand an, geht es bergab mit unserer Lebensqualität und geraten wir schnell in eine Burnout-Spirale. Burnout ist die Manifestierung von Stresssymptomen in der Erschöpfungsphase. Ihr gehen die Alarm- und die Widerstandsphase voraus.

Wir haben den Stressmechanismus unseres Körpers kennengelernt und seine vier Reaktionen darauf: soziales Engagement, Flucht, Kampf und Erstarrung. Wir sollten erkennen, dass es uns möglich ist, noch viel mehr unsere sozialen Kompetenzen zu nutzen und auszubauen, nicht auf jeden Impuls sofort zu reagieren, um es vielleicht später zu bereuen – auch und gerade wenn wir mal rotsehen. Dazu gehört neben gezieltem Spannungsabbau, dass wir die eigenen Gefühle bewusst wahrnehmen und regulieren, uns innerlich sammeln können und unsere sprachlichen Möglichkeiten nutzen, um unnötige Konflikte zu vermeiden oder um sie zu entschärfen.

Unser Körper will sich immer von überschüssiger Stressenergie befreien, damit er wieder in sein physiologisches Gleichgewicht, seine Homöostase, zurückkehren kann, um auf möglichst leichte und effiziente Art seine vielfältigen Aufgaben zu bewerkstelligen. Die Devise lautet für ihn, mit möglichst wenig Anstrengung viel zu erreichen.

Ist das nicht die Kombination, nach der wir uns eigentlich alle sehnen? Dafür muss dem Gehirn Entwarnung signalisiert und der Ausschalter der Stressreaktion umgelegt werden. Das Gefühlshirn wird dadurch beruhigt und bei der Verarbeitung der Reize und Ereignisse unterstützt.

1.2 WAS IST BURNOUT?

„Ich kann nicht mehr!“, „Ich habe zu nichts mehr Lust!“ oder „Ich schaffe das nicht mehr, alles ist mir zu viel!“ – das sind klassische Stress- und Erschöpfungsmarker. Burnout, ich komme!

Wenn Stress und Überlastung zur völligen Erschöpfung der körperlichen, emotionalen und geistigen Kräfte und zu einem depressiven Gemütszustand führen, dann sprechen wir von einem Burnout oder einer Belastungsdepression.

Burnout ist Stress bis zur Be**LUST**losigkeit.

Was wichtig dabei ist: Es handelt sich hier nicht um einfachen, gewöhnlichen Stress, der mal kommt und geht, sondern um Stress als Dauerzustand, den man deshalb oft gar nicht mehr bemerkt, weil er schon so sehr dazugehört zum täglichen Lebensgefühl. Woher er kommt, ist eher zweitrangig. Für ein Burnout ist die Hauptsache, dass Sie sich am Limit Ihrer Kräfte und Möglichkeiten – also gehetzt, gestresst und zunehmend überfordert – FÜHLEN.

Belastende Lebenssituationen und Stress werden subjektiv erfahren. Jeder Mensch erlebt sie unterschiedlich intensiv, je nach persönlicher Konstitution und Vorgeschichte. So sind von traumatisierenden Erlebnissen und Lebensphasen geprägte Menschen später oft anfälliger für Stress, weil ihr ganzes System noch an alten Vorbelastungen zu tragen hat und auf neue Stressoren stärker reagiert. Der Stresspuffer ist geringer, solange die Belastungen nicht vollständig verarbeitet und aufgelöst sind. Aber auch ohne traumatische Erfahrungen kann unser Stresspuffer geschwächt und abgebaut werden. Wie genau das funktioniert, das erfahren Sie später in den Glücksgesetzen, die bei einer Burnout-Dynamik ausgehebelt werden müssen und sich dadurch in Krankheits- und Burnout-Gesetze verwandeln.

Drehen wir uns doch einmal um unsere eigene Achse, was sehen wir dabei? Eine riesige Burnout-Zone, genannt Arbeitswelt. Es ist schon fast normal geworden, über die eigenen Belastungsgrenzen zu gehen, dabei mit Tabletten nachzuhelfen, um sich dann etwas später völlig zu erschöpfen. Die sehr empfehlenswerte Dokumentation „From Business to Being – Wie wollen wir leben und arbeiten?“ von Hanna Henigin und Julian Wildgruber aus dem Jahr 2016 beginnt mit einer Statistik, die sehr alarmierend ist:

> In den letzten zehn Jahren ist die Zahl der Burnout-Erkrankungen in Deutschland um über 90 Prozent gestiegen.

Handelte es sich hierbei um einen negativen Technologietrend, man würde in kürzester Zeit darauf reagieren und eine neue Richtung einschlagen.

WER HAT BURNOUT EIGENTLICH ERFUNDEN ?

Herbert Freudenberger, ein New Yorker Psychoanalytiker, führte 1974 den Begriff Burnout ein. Er hatte bei seinen Kollegen im Ärztebereich Erschöpfung durch Aufopferung festgestellt. Burnout bedeutet ausbrennen. Es ist ein Sicherschöpfen, das auf vielerlei Arten, also nicht nur aufgrund zu vielen Arbeitens entstehen kann und auch keine reine „Managerkrankheit“ ist. Burnout wird auch Erschöpfungsdepression genannt, weil die starke Verausgabung die Kraftreserven aufbraucht, das Feuer der Motivation und Lebenslust dabei erlischt und sich dadurch ein deprimiertes, hilfloses Lebensgefühl voller Überforderung einstellt.

Sie kennen vielleicht den Ausdruck: „Wer ausbrennt, muss vorher gebrannt haben." Damit sind Menschen gemeint, die sehr viel Begeisterung und Feuer für ihre Berufung empfinden und sich sehr intensiv engagieren. Heute treffen Sie aber viele Menschen, die sich auch ohne überschäumende Begeisterung für ihr Leben oder ihren Beruf erschöpfen.

Burnout betrifft also nicht (mehr) nur Manager und besonders Brennende, sondern ein breites Spektrum an Berufen und Persönlichkeiten. Stress wird nicht ohne Grund von der WHO als die Seuche des 21. Jahrhunderts bezeichnet.

Gab es Burnout schon immer?

Wenn wir uns die Lebensverhältnisse unserer Vorfahren anschauen, dann sind diese ja oft burnoutverdächtig anstrengend gewesen und es gab viel körperliche Erschöpfung aufgrund der harten Arbeits- und Lebensbedingungen. Allerdings starben die Menschen wesentlich früher und meistens an Krankheiten, Hunger, Durst oder Gewalt, sodass Burnout gar nicht die Zeit und den Raum hatte, zum Zuge zu kommen.

Wir kennen keine Pest oder Cholera, der Supermarkt hat lange geöffnet und Gewalt gibt es jetzt meist „nur noch" zum Anschauen, dafür allerdings in hoher Dosierung.

Stundenlang vor Bildschirmen oder Monitoren jeglicher Größe zu sitzen und zu interagieren, ist eine unserer Hauptbeschäftigungen geworden und erzeugt eine geistige Ermüdung, die es früher nicht gab.

Bevor der Begriff Burnout populär wurde, gab es die sogenannte Neurasthenie oder „nervöse Erschöpfung", deren Hauptmerkmal eine Ermüdung durch Unterforderung – diese nennen wir heute Boreout – oder Überforderung durch äußere

Reize darstellte. Ihre Symptome wie Müdigkeit, Kopfschmerzen, Konzentrationsstörungen, Freudlosigkeit, erhöhte Reizbarkeit und die Unfähigkeit, zu entspannen, finden heute im Burnout ihren Platz. Die therapeutischen Maßnahmen richteten sich auf die Erholung des Nervensystems und die Veränderungen der Arbeitsbedingungen.

Die „nervöse Erschöpfung" galt Ende des 19. und Anfang des 20. Jahrhunderts als eine Modekrankheit der gehobenen Gesellschaft.

Wir leiden im Vergleich zu unseren Vorfahren an zu vielen Informationen, permanenter Erreichbarkeit, mangelndem Fokus und Multitasking, an einem zu hohen Lebenstempo mit hohem Stresspegel sowie psychischen Belastungen. Als deren Folge und weniger aufgrund von körperlich harter Arbeit können wir oft schlecht abschalten und schlafen. Abends sinken die meisten von uns geistig und emotional ermüdet in die Sofapolster und gönnen sich eine „Belohnung" und Auszeit mit Alkohol, Snacks, Internet und Fernsehen.

DIE FÜNF ARTEN DER ERSCHÖPFUNG

Wir Menschen sind sehr komplexe Lebewesen, bestehen sozusagen aus allerlei unterschiedlichen Komponenten. Dadurch gibt es natürlich auch viele verschiedene Angriffsflächen für Stress und Belastungen. Unsere Hauptkomponenten sind Körper, Emotionen, Geist und Seele. Wir können je nach Lebenslage und Situation in jeder Komponente oder mehreren zugleich Stress erleben, der in ein Burnout führen kann. Schauen wir uns doch einmal an, in welchem Zustand – auf einer Skala von 0 bis 10 – Sie sich im Augenblick körperlich, emotional, geistig und seelisch befinden.

1. Die körperliche Erschöpfung

Sie wird erfahrbar, wenn Sie über längere Zeit die Grenzen Ihrer körperlichen Kräfte und Möglichkeiten überschreiten durch zu starke Anforderungen, dabei zu wenig Ruhe und Schlaf finden und sich mangelhaft mit Vitalstoffen versorgen. Auch zu intensiv betriebener Sport im Verhältnis zu Ihrer derzeitigen Kräfteverfassung lässt sich hier einordnen. Folgende Kombination wirkt – auf dem Weg bergab – wahre Wunder: erst wie verrückt arbeiten, dann wie verrückt Sport machen!

Burnout-Symptome können sein:

- körperliche Müdigkeit, Kraft- und Energielosigkeit
- verminderte oder gar keine Libido
- schmerzhafte Muskelverspannungen, Magen- und Darmprobleme, Bluthochdruck
- Herz- und Kreislaufprobleme
- Ohrenprobleme, z. B. Tinnitus oder erhöhte Geräuschempfindlichkeit
- innere Unruhe und Anspannung, Schlafstörungen
- häufige Infekte
- Körper wird als schwer, steif und schmerzhaft empfunden

Kreuzen Sie nun bitte Ihre zwei Zahlenwerte an:

1. Wo stehe ich momentan?
2. Wo stehe ich in sechs Monaten, wenn es weitergeht wie bisher?

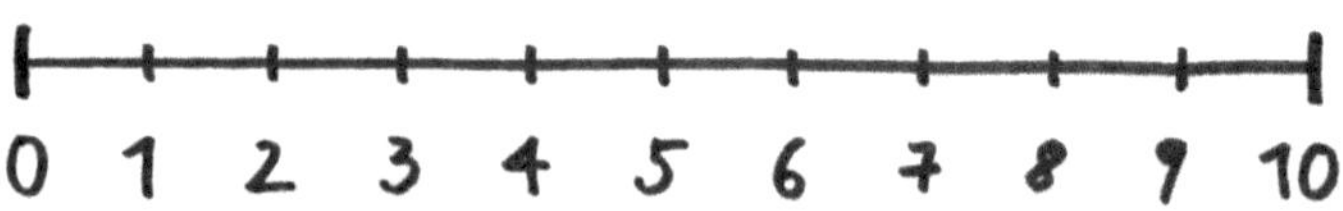

„Mir geht es blendend!“ „Ich kann nicht mehr!“

Was mich körperlich anstrengt bzw. erschöpft, ist:	....

2. Die emotionale Erschöpfung

In diesem Fall wird Ihr Gefühlshaushalt stark überstrapaziert, zum Beispiel durch Sorgen, Ängste und Zweifel, die sich in Dauerschleifen drehen und Sie nicht mehr abschalten und ruhig schlafen lassen. Schmerzhafte oder bedrohliche Erfahrungen wie Trennungen, Todesfälle und traumatische Erlebnisse fallen in diese Waagschale. Auch dauerhafte Fürsorge für andere Menschen und ihre Sorgen und Nöte oder eine eigene Erkrankung mit beängstigender Diagnose können für diese Form des Erschöpfungszustandes sorgen.

Im Unternehmensbereich sind unsoziales Verhalten von Kollegen und Vorgesetzten, mangelnde oder gar fehlende Wertschätzung oder menschliche Verbundenheit sehr populäre Varianten, um die emotionale Erschöpfung und Lustlosigkeit, die bereits durch hohen Arbeitsdruck produziert wird, noch weiter voranzutreiben.

Burnout-Symptome können sein:

- Gefühl der Überforderung und inneren Leere
- Lebensfreude, Antrieb und Lebendigkeit sind verschwunden
- entweder ein vermehrt aggressives und impulsives Verhalten mit hoher emotionaler Anspannung und Ladung nach außen, z. B. Ausrasten bei Kleinigkeiten, starke Ungeduld, permanent gehetztes Lebensgefühl, erhöhte

Wachsamkeit und schnelles Abgleiten ins Drama oder den Alarmzustand, oder eine eher nach innen gerichtete, defensive, abwesende, nachgiebige und tagträumende Verhaltensweise

- Versagens- und Zukunftsängste, diffuse Ängste
- Druck und Stress sitzen im verspannten Nacken
- häufiges Weinen

Kreuzen Sie nun bitte Ihre zwei Zahlenwerte an:

1. Wo stehe ich momentan?
2. Wo stehe ich in sechs Monaten, wenn es weitergeht wie bisher?

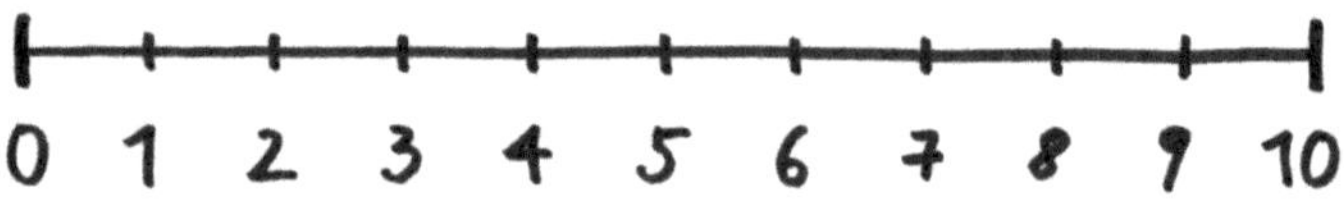

„Mir geht es blendend!“ „Ich kann nicht mehr!“

Was mich emotional anstrengt bzw. erschöpft, ist:	....
	....
	....
	....
	....
	....

3. Die geistige Erschöpfung

Sie tritt auf, wenn der Verstand immer auf Hochtouren läuft, um alles zu organisieren, zu schaffen und zusammenzuhalten, um sich dann wie ein heiß gelaufener, überlasteter Computer aufzuhängen.

Am besten hat man immer mehrere Dinge und Projekte zur gleichen Zeit zu erledigen. Multitasking ist eine schöne Idee, findet aber nie wirklich statt: Unsere Aufmerksamkeit wird in so hoher Geschwindigkeit nacheinander auf die Dinge gelenkt, dass wir es als gleichzeitig empfinden. Ein ständig wechselnder Fokus verliert auf Dauer derart an Kraft, dass er ein Gefühl der Zerstreutheit und inneren Instabilität erzeugen kann.

Hilfreich für die geistige Erschöpfung sind nicht enden wollende To-do-Listen in Kombination mit hohen Perfektionsansprüchen und einer ausgeprägten Delegationsallergie.

Burnout-Symptome können sein:

- Konzentrationsstörungen, Gedächtnislücken, Blackout
- wenig geistige Kraft und Entscheidungsfreude
- geistige Unruhe und Zerstreutheit
- Probleme zu erfassen und zu lösen, fällt schwer oder ist nicht möglich
- Nervosität und erhöhte Reizbarkeit, Geist fühlt sich müde an, blanke Nerven
- entweder stark beschleunigte, aggressive oder verlangsamte, passive Denkprozesse
- beschränktes, unkreatives Denken

Kreuzen Sie nun bitte Ihre zwei Zahlenwerte an:

1. Wo stehe ich momentan?
2. Wo stehe ich in sechs Monaten, wenn es weitergeht wie bisher?

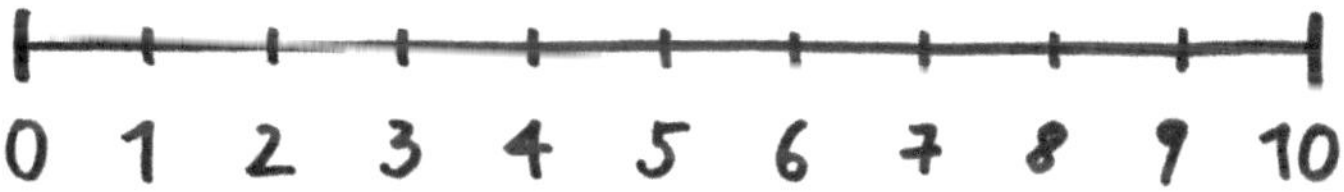

„Mir geht es blendend!“ „Ich kann nicht mehr!“

Was mich geistig anstrengt bzw. erschöpft, ist:

....

....

....

....

....

....

4. Die seelische Erschöpfung

Sie wird erfahrbar, wenn das subtile, aber sehr wirksame Geflecht aus persönlichen Werten, sinnhafter Verbundenheit mit sich selbst und dem Leben sowie Selbstbestimmtheit im eigenen Wesensausdruck löchrig wird.

Der Mangel an Wert schaffenden Inhalten, an sinnvollem Nutzen und nachhaltiger Qualität kann wie das Fehlen von Salz in der Suppe empfunden werden. Eine Wirtschaft ohne Seele und ohne Rücksicht auf Mensch, Tier und Natur, die immer mehr Masse statt Wesentliches produziert und dabei auf Konkurrenz statt auf Zusammenarbeit setzt, zermürbt Menschen, denen ein positives und sinnvolles menschliches Miteinander wichtig ist.

Burnout-Symptome können sein:

- das Gefühl, nur zu funktionieren, anstatt zu leben
- Farblosigkeit des eigenen Lebens, deprimiertes Dasein
- innere Leere, Perspektivlosigkeit, Gefühl der Sinnlosigkeit
- Frustration, weil sich unerfüllte Wünsche und Sehnsüchte stapeln

Kreuzen Sie nun bitte Ihre zwei Zahlenwerte an:

1. Wo stehe ich momentan?
2. Wo stehe ich in sechs Monaten, wenn es weitergeht wie bisher?

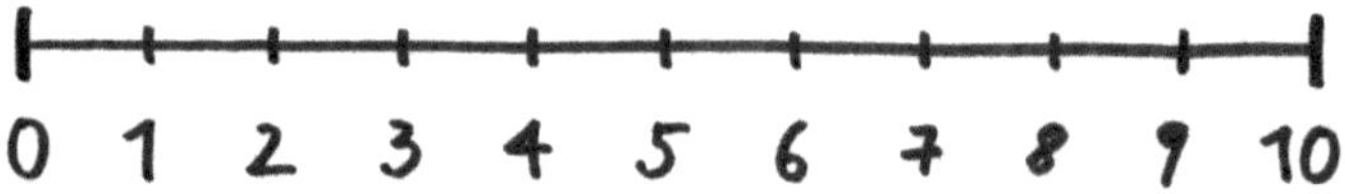

„Mir geht es blendend!" „Ich kann nicht mehr!"

Was mich seelisch anstrengt bzw. erschöpft, ist:

....

....

....

....

....

Aus den vorgestellten vier Erschöpfungsarten kann eine weitere resultieren:

5. Die soziale Erschöpfung
Sind wir auf die eine oder andere Art erschöpft, dann werden unsere sozialen Kontakte zunehmend als belastend und anstrengend erfahren. Das wichtige und positive Bedürfnis nach Austausch mit und Nähe zu anderen Menschen wandelt sich in Rückzug um.

Soziale Erschöpfung ist, kurz und deutlich gesagt: Wenn mir andere Menschen ganz enorm auf den Keks gehen und mich bitte einfach in Ruhe lassen sollen.

Burnout-Symptome können sein:

- sich zurückziehen von anderen Menschen
- zunehmendes Desinteresse an deren Gesellschaft und Befindlichkeiten
- schnelle Reizbarkeit, Unfreundlichkeit und Ermüdung im Kontakt mit anderen

Kreuzen Sie nun bitte Ihre zwei Zahlenwerte an:

1. Wo stehe ich momentan?
2. Wo stehe ich in sechs Monaten, wenn es weitergeht wie bisher?

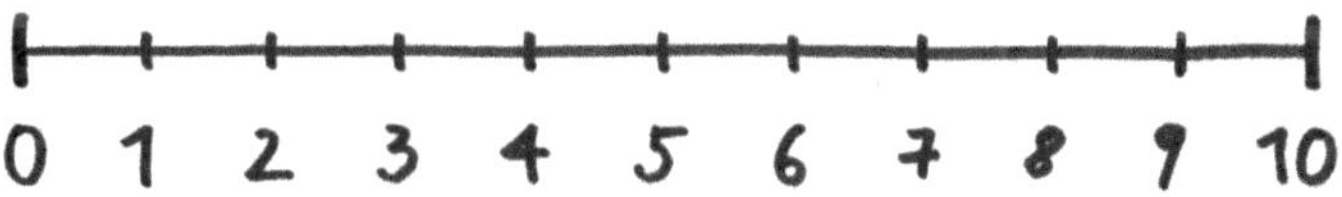

„Mir geht es blendend!" „Ich kann nicht mehr!"

Was mich sozial anstrengt bzw. erschöpft, ist:

....

....

....

....

....

Resilienz – unsere psychische Widerstandskraft

Wann Stress zur Dauerbelastung wird, hängt auf jeder Ebene von Ihrer persönlichen Konstitution und Widerstandskraft, auch Resilienz genannt, ab. Resilienz zeigt an, wie immun Sie sind gegenüber Stress – wie belastbar Sie sind.

Resilienz ist genauso wie unser Immunsystem kein starrer Faktor. Sie unterliegt natürlichen Schwankungen und ist auch trainierbar. Bei dauerhafter Belastung wird unser Immunsystem überfordert und wir werden häufiger krank.

Das Gleiche passiert auch mit unserer Stresstoleranz. Sie wird kleiner und kleiner und bricht im Burnout völlig in sich zusammen. Deshalb wird Burnout oft auch als ein Zusammenbruch der geistigen, emotionalen und körperlichen Belastbarkeit empfunden.

Bekommt man Burnout allein vom vielen Arbeiten?

Burnout ist zwar sehr anstrengend, macht also viel Arbeit, kommt aber nicht vom Arbeiten allein. Das kann der Fall sein, muss es aber nicht. Es gibt, wie wir gerade an den verschiedenen Erschöpfungsarten gesehen haben, sehr viel Spielraum, wie sich Stress zeigen kann: körperlich, emotional, geistig und seelisch. Dabei greifen die Bereiche natürlich ineinander und beeinflussen sich gegenseitig.

Mir fällt dazu eine kleine Geschichte ein: Als ich noch studierte und wieder einmal einen großen Entwurf zu machen hatte, der sich über mehrere Monate hinziehen sollte, erlebte ich mehrere Stressarten auf einmal.

Wir erhielten die Aufgabe, ein öffentliches Gebäude direkt an den Gleisen eines Bahnhofs zu entwerfen. Mir fiel zwar eine etwas gewagte Lösung ein, aber ich war unsicher, ob ich sie auch bis zum Ende erhalten und umsetzen konnte. Ich kam im Laufe der Arbeit durcheinander, in meinem Kopf fing es an zu schwirren und ich hatte Probleme, die Innenräume zu strukturieren (geistiger Stress). Ich konnte keine klare Ordnung finden und erarbeiten und fing an zu zweifeln, ob ich überhaupt geeignet war, Architektin zu werden (seelischer Stress). Ich geriet zunehmend unter Druck wegen des Abgabetermins. Nachts bekam ich plötzlich Schweißausbrüche, weil ich nicht vorwärtskam (emotionaler Stress). Weil dieser Zustand anhielt, gab ich den Entwurf zurück und startete zu einem späteren Zeitpunkt mit einer neuen Aufgabe.

Bis dahin hatte ich vor allem die Zweifel, ob ich weiter Architektur studieren sollte, geklärt. Ich hatte mich entschieden weiterzumachen. Die Ängste, ob ich bis zum Abgabetermin alles schaffen würde, habe ich später erfolgreich mit einer Kinesiologie-Behandlung auflösen können. Ab dann lief es leichter für mich.

DIE DREI ELEMENTAREN LEBENSBEREICHE

Nachdem wir die fünf verschiedenen Arten der Erschöpfung kennengelernt haben, schauen wir uns jetzt einmal an, wo genau diese sich besonders gerne tummeln und ansiedeln. Wir begeben uns in jene drei Lebensbereiche, um die sich fast all unsere Gespräche drehen, die unsere Lebensqualität bestimmen, kurz: die essenziell für uns sind.

1. Lebensbereich: Gesundheit

Hierzu gehört ganz grundlegend Ihre körperliche, emotionale und geistige Verfassung, wie wohl und gesund Sie sich rundum fühlen. Sind Sie voller Energie oder mit schweren Lasten beladen, die Ihre gesundheitliche Verfassung beeinträchtigen?

Wie fit fühlen Sie sich insgesamt körperlich, geistig und emotional? Kreuzen Sie nun bitte Ihren Zahlenwert an:

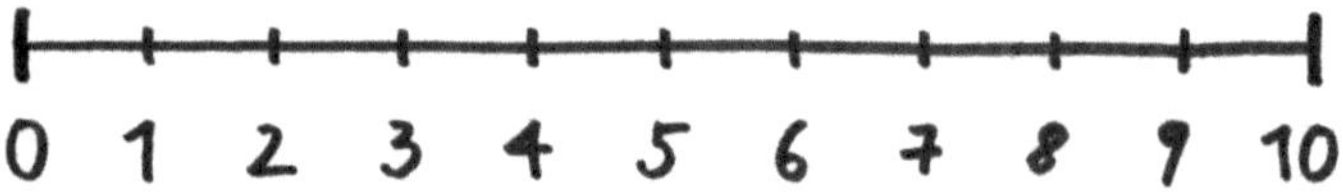

„Mir geht es blendend!" „Ich kann nicht mehr!"

Was mich am meisten gesundheitlich belastet bzw. erschöpft, ist:

....

....

....

....

....

....

2. Lebensbereich: Beziehungen

In diesen Bereich fallen sämtliche zwischenmenschlichen Beziehungen, von Familie und Partnerschaft bis hin zu Freunden, Bekannten und Arbeitskollegen. Das Beziehungsklima hat viele Facetten. Es kann Kraft, Trost, Unterstützung, Verbundenheit und Freude schenken oder die Ursache für Kummer und Kopfschmerzen sein, wenn Enttäuschungen, Streitereien, Missverständnisse und Lieblosigkeit vorherrschen.

In welchem Beziehungsklima leben Sie insgesamt? Kreuzen Sie nun bitte Ihren Zahlenwert an:

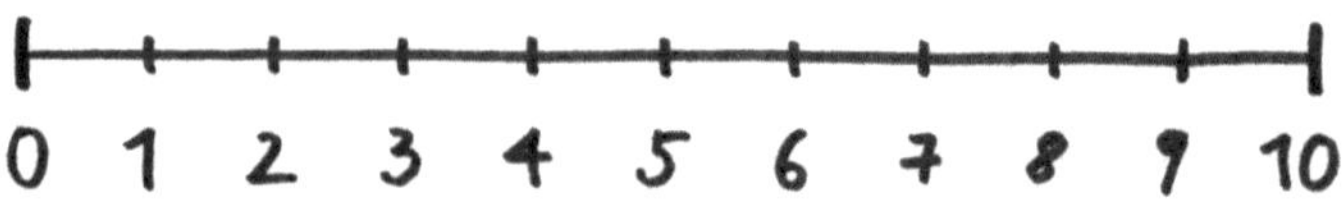

„Mir geht es blendend!" „Ich kann nicht mehr!"

Was mich am meisten in meinen Beziehungen oder partnerschaftlich belastet bzw. erschöpft, ist:	....
	....
	....
	....
	....
	....

3. Lebensbereich: Arbeit und Geld

Tun Sie, was Sie wirklich interessiert und sogar begeistert? Oder schleppen Sie sich jeden Tag zur Arbeit, um Ihr Geld zu verdienen, und haben doch nie so viel, wie Sie gerne hätten? Zählen Sie die Jahre bis zur Rente?

Erfolgserlebnisse, persönliche und berufliche Förderung und Anerkennung spielen eine große Rolle, um motiviert zu bleiben. Gibt es davon ausreichend?

Arbeiten Sie auf eine Art, die Ihnen entspricht und förderlich ist für Ihre Gesundheit, persönliche Entwicklung und Zufriedenheit, oder müssen Sie sich stark anpassen und einschränken? Eine wichtige Rolle spielt auch, ob Sie zu viel arbeiten oder zu wenig und ob Sie einer unsicheren Auftragslage ausgesetzt sind oder finanzielle Stabilität erfahren. Außerdem zählt natürlich das Arbeitsklima, in dem Sie tätig sind, in diesen Lebensbereich. Ist es förderlich oder eher belastend?

Das Gesamtgefühl, das Sie mit dem Bereich Arbeit und Geld instinktiv verbinden, entscheidet darüber, wo Sie sich momentan sehen. Kreuzen Sie nun bitte Ihren Zahlenwert an:

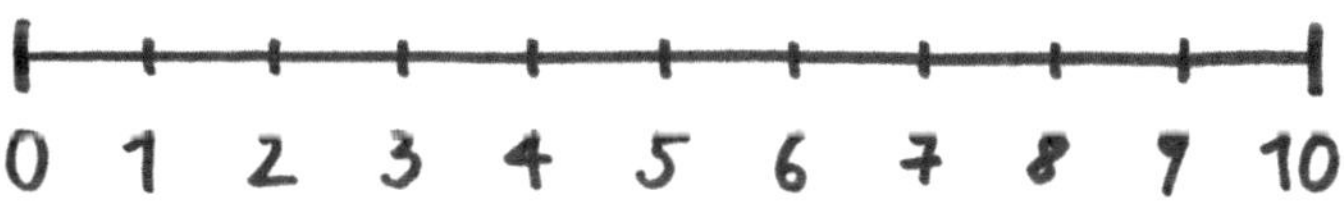

„Mir geht es blendend!" „Ich kann nicht mehr!"

Was mich am meisten im Bereich Arbeit und Geld belastet bzw. erschöpft, ist:	....
	....
	....
	....
	....
	....

DER WEG INS BURNOUT IST EIN UNBEWUSSTER

Das Thema Bewusstheit im Umgang mit Stress und Belastungen – also: spüre ich die Belastung überhaupt und gestehe ich sie mir auch ein? – ist nach meiner Erfahrung entscheidend für die Entwicklung eines Burnouts, da wir nur dann einlenken und etwas verändern können, wenn wir unsere Augen nicht davor verschließen und so tun, als wäre alles in Ordnung.

Die Entwicklung eines Zusammenbruchs oder Burnouts lässt sich gut vergleichen mit einer Reise auf hoher See, auf der Hoheitsgrenzen von Ländern oder der Äquator überschritten werden, ohne dass wir es bemerken. Es holpert ja nicht plötzlich und wir passieren auch nicht bewusst einen Grenzübergang. Trotzdem bewegen wir uns allmählich auf ein neues Land zu. Die Temperaturen steigen, wenn wir uns dem Äquator nähern. Es geschieht schleichend, ist aber dennoch zu spüren.

Wir überschreiten unsichtbare Grenzen, die nur in den Rückmeldungen unseres Körpers und unserer Psyche zu „hören“ sind – wenn wir denn zuhören. Aber unser „Gehör“ leidet dann meist schon an demonstrativer Taubheit. Die Kommunikation ist nur einseitig und stößt nicht mehr auf Empfang. Wie WhatsApp-Nachrichten, die ungelesen bleiben.

Unter Stress lassen wir meist das zuerst links liegen, was uns stärkt und Freude bereitet.

Was anfangs vielleicht als eine spannende Herausforderung oder eine Zwischenlösung begann, kann nach einer Weile zur Überforderung werden, wenn elementare menschliche Bedürfnisse, wie Sicherheit, Erholung, Wertschätzung und freudvolle Abwechslung, nicht erfüllt werden und Sie auf Dauer immer mehr geben als wieder zurückfließt – in vielerlei Hinsicht.

Eine immer größere Unausgewogenheit zwischen Anspannung und Entspannung, Pflichten und Spaß, Arbeit und Privatem kann sich daraus entwickeln, bis am Ende nur noch Anspannung, Pflichten, Sorgen und Arbeit übrig bleiben. Freunde und Freizeit werden auf später verschoben und auch der Urlaub ist zu kurz, um mal richtig auszuspannen und herunterzukommen. Oft ist zu Arbeitsbeginn sehr schnell der alte Stresspegel wieder erreicht, aber der nächste Urlaub noch lange nicht in Sicht. Das Gefühl, nur noch den Alltag zu bewältigen, ohne Zeit- und Energiepuffer für sich selbst, andere Menschen und Hobbys zu haben, kann dann vorherrschend sein. Wir schrauben uns in der Spirale der Lebensqualität stetig weiter nach unten oder stagnieren.

All das passiert natürlich nicht von heute auf morgen und einfach so, ohne unser Lebens- und Arbeitsumfeld und unsere innere Verfassung und Beteiligung. In den meisten Fällen berichten die im Burnout Gestrandeten davon, dass der Erschöpfungsprozess schleichend und unbewusst war und Warnsignale nicht wahrgenommen oder ignoriert wurden. Also ganz anders, als wir es in diesem Buch angehen wollen, wo wir das Burnout bei vollem Licht betrachten und unter die Lupe nehmen!

Von einem Leben in einer Blase, einer Welt für sich, wo es nur noch den Stress gab und zu bremsen keine Option war, ist oft die Rede. Ich kann diese Beschreibungen nur bestätigen. Sie sind aus gesunder Sicht schwer nachzuvollziehen. Stress macht blind, wie wir ja bereits aus dem vorherigen Kapitel wissen.

FAZIT

Burnout blüht auf, wenn Sie möglichst pausenlos unter Strom stehen und sehr viel dabei leisten – wenn Sie Ihren Energie- und Kräftehaushalt immer mehr erschöpfen, bis Sie sich lustlos, leer und ausgebrannt fühlen. Selbst der Weg zur Toilette ist dann wie ein Marathon.

Burnout ist also das Resultat einer lang anhaltenden Überforderung, bei der unsere Grenzen und unser gesundes persönliches Maß immer wieder überschritten werden – von uns selbst und von äußeren Anforderungen. Ein hohes Lebenstempo kombiniert mit viel Informationsinput und langen Arbeitstagen kann dabei eine Variante von vielen sein.

Die Frage ist nicht nur, was uns Stress macht, sondern ob und wie wir mit ihm umgehen können. Es geht beim Burnout stets um ein Zusammenspiel von äußerem Druck und unserer inneren Kapazität, damit umgehen zu können. Diese beiden greifen immer ineinander und erzeugen ein Resultat: Ich löse Probleme oder werde erdrückt davon.

Krank machende Situationen zu verlassen, kann ebenfalls eine sehr gesunde Lösung sein. Dr. Manfred Nelting, Burnout-Spezialist, schreibt in seinem Buch „Burn-out – Wenn die Maske zerbricht“ (München, 2010) sehr treffend dazu: „Immer ist das Verhältnis von Anforderungsdruck und Bewältigungskompetenz entscheidend. Dieses Verhältnis ist im Falle von Burn-out individuell in die eine oder andere Richtung verschoben, immer aber klaffen Druck und Kompetenz auseinander und sind nicht mehr passend, um Lösungen zu finden.“

Es besteht übrigens immer die Möglichkeit, beim Burnout etwas nachzuhelfen und die Erschöpfung zu beschleunigen: die Latte der Anforderungen zum Beispiel oder des Perfektionismus immer etwas zu hoch zu hängen – beruflich und privat – und nie die Worte „Nein, jetzt nicht!“ oder „Nein, es reicht!“ zu verwenden! Am besten wirken natürlich diese beiden Aspekte zusammen: viel Druck von außen zulassen und sich viel Druck selbst machen.

Wir sind auf die fünf Arten der Erschöpfung eingegangen: die körperliche, emotionale, geistige, seelische und soziale. Und wir wissen, in welchen drei Lebensbereichen sie hauptsächlich auftreten können: im Bereich der Gesundheit, der Beziehungen und im Bereich von Arbeit und Geld.

Eine Erschöpfung ist sehr schnell und sicher zu erreichen mit anhaltendem Dauerstress bei gleichzeitig hohem Energieverbrauch. Um also schnell und sicher im Burnout zu landen, sollten Sie möglichst über längere oder sogar lange Zeit hinweg unter Überbelastung, die verschiedene persönliche und berufliche Ursachen haben kann, im Stress- oder Überlebensmodus und dadurch auf „Verschleiß“ leben.

Wenn Sie mit einem elektrischen Werkzeug immer bis zum Anschlag arbeiten, ohne Wartung und Ruhepausen, dann wissen Sie, was passiert und was Verschleiß bedeutet. Nur: Mit unserem Werkzeug würden wir natürlich nie so umgehen!

Das Leben kann jeden von uns plötzlich überraschen und mit vielen Schwierigkeiten oder schmerzhaften Erfahrungen überhäufen, sei es durch Krankheiten, Unfälle, Trennungen und Todesfälle oder berufliche und finanzielle Misserfolge und Probleme. Solche äußeren Anforderungen lösen immer eine Reaktion in uns aus und treffen auf unsere innerliche Verfassung, unsere persönliche Entwicklungsgeschichte und Kompetenz, Krisen zu meistern.

Dieses Zusammenspiel zwischen äußerer und innerer Intensität bestimmt, wie sehr unser Boden ins Wanken gerät.

Wir können unseren Boden selbst ins Wanken bringen, indem wir die Glücksgesetze missachten, die wir uns in Kürze genauer ansehen werden.

Doch zuvor erfahren wir, was uns eigentlich so antreibt und im Nacken sitzt und warum wir nicht so einfach aufhören können, zu rennen und uns zu überanstrengen, obwohl wir doch wissen, dass es nicht gesund für uns ist.

1.3 Die 10 Gebote des Burnouts – ein Quiz

Fragen Sie sich auch manchmal: Warum tue ich mir diesen Stress eigentlich an? Was treibt uns immer wieder dazu, unsere Grenzen zu überschreiten, bei Überlastung nicht Nein zu sagen und uns zu viel aufzuladen? Warum ist es für viele so schwer, auch mal Ruhe und Nichtstun zuzulassen, nur um stattdessen weiterzurennen, auch wenn es nicht guttut und krank macht?

Auf diese Fragen geben uns die 10 Gebote des Burnouts wichtige Antworten. Sie beinhalten sogenannte innere Antreiber. Diese wirken zwar leise und unbemerkt wie die Heinzelmännchen im Hintergrund, leisten aber einen sehr effektiven Beitrag, wenn es um den zielsicheren Sprint ins Burnout geht. Deshalb befördern wir diese Dynamiken jetzt ans Tageslicht.

Der Begriff innerer Antreiber stammt aus der Transaktionsanalyse, einem psychologischen Modell, das sich mit der Persönlichkeitsstruktur und der zwischenmenschlichen Kommunikation beschäftigt, und beschreibt ursprünglich insgesamt fünf Antreiber. Da sich unsere Lebens- und Arbeitswelt in den letzten Jahren jedoch technologisch sehr stark weiterentwickelte und in diesem Zuge auch unseren Lebensstil und unser Lebenstempo enorm veränderte, habe ich weitere, aktuelle Antreiber hinzugefügt und daraus die 10 Gebote des Burnouts entwickelt.

WIE INNERE ANTREIBER ENTSTEHEN

Wie aus unserer natürlichen inneren Antriebskraft und Motivation innere Antreiber werden können, erklären wie so oft unsere tief sitzenden menschlichen Bedürfnisse. Sie erinnern sich sicher noch an das Kapitel über Stress und daran, dass Sicherheit immer unser wichtigstes Grundbedürfnis ist.

Auch Liebe, Wertschätzung und Geborgenheit gehören zum elementaren menschlichen Bedürfnis nach Sicherheit, weil sie unsere Zugehörigkeit und in Kindertagen auch die Versorgung gewährleisteten.

Wird aus den unterschiedlichsten Gründen das Bedürfnis nach körperlicher oder emotionaler Sicherheit und Geborgenheit nicht erfüllt, dann schrillen unsere Alarmglocken und wir versuchen, unser Gefühl für Sicherheit wiederherzustellen. Und da kommen die Antreiber ins Spiel!

Die 10 Gebote und ihre Antreiber sind Denk- und Verhaltensmuster, mit deren Hilfe wir versuchen, unsere elementaren Bedürfnisse zu befriedigen. Sie sind unbedingt zu unterscheiden von gesunder Motivation, die uns guttut und weiterbringt im Leben. Motivation lebt von Begeisterung. Sie schenkt uns Energie.

Antreiber hingegen lassen uns erschöpft zurück. Sie werden von einem emotionalen Mangel an Sicherheit und Selbstliebe befeuert, einem Gefühl von innerem Hunger, mit dem wir dann auf die Suche nach Erfüllung oder „Sättigung“ gehen.

Besonders in Stress- und Belastungssituationen sind wir in einem angespannten Zustand und stehen unter Druck. Dadurch treten verstärkt Sicherheitslücken in unserem Empfinden auf und die inneren Antreiber rücken somit in den Vordergrund.

Die Antreiber sorgen mit ihren Dynamiken im Verborgenen dafür, dass wir bei Stress noch mehr über unsere Grenzen und Kräfte gehen, als gesund ist, unseren Energiehaushalt dabei überfordern und gesundheitlich aus dem Gleichgewicht geraten.

Jeder von uns hat seine eigenen Antreiberüberzeugungen, um seine Ziele zu erreichen und Bedürfnisse zu erfüllen. Diese spiegeln die 10 Gebote wider. Sie erklären, warum wir Dinge tun, die eigentlich nicht gesund sind für uns, und warum wir nicht einfach damit aufhören können, auch wenn wir auf Dauer einen hohen Preis dafür bezahlen.

DAS QUIZ

Sie haben jetzt die Möglichkeit, Ihre Antreiber in Form der 10 Gebote zu identifizieren und in ihrer Stärke einzuordnen. Am Ende finden Sie eine Auswertung Ihres Ergebnisses.

Die ersten fünf Gebote beinhalten die inneren Antreiber aus der Transaktionsanalyse. Die weiteren fünf Gebote stellen die neuen, zusätzlichen Antreiber unserer heutigen Zeit dar. Unter jedem Gebot finden Sie eine Skala von 0 bis 10. Kreuzen Sie bitte an, wie sehr die Aussage des Gebots nach Ihrem GEFÜHL auf Sie zutrifft. 0 ist dabei kein Treffer und 10 steht für den Volltreffer! Sind Sie bereit?

Erstes Gebot: **Sei stark!**

- Ich schaffe das alleine!
- Ich beiße die Zähne zusammen, zeige weder Schwäche noch Gefühle.
- Ich habe alles unter Kontrolle!

0 1 2 3 4 5 6 7 8 9 10

Kein Treffer Volltreffer!

Zweites Gebot: **Sei perfekt!**

- Ich mache alles ganz genau und gründlich.
- Es gibt immer noch etwas zu verbessern!
- Bloß keine Fehler machen!

0 1 2 3 4 5 6 7 8 9 10

Kein Treffer Volltreffer!

Drittes Gebot: **Mache es allen recht!**

- Ich bin immer nett, gefällig und liebenswürdig.
- Akzeptanz durch andere Menschen, Harmonie und positive Rückmeldungen sind mir wichtiger, als meine eigenen Interessen durchzusetzen.
- Ich kann schwer Nein sagen.

0 1 2 3 4 5 6 7 8 9 10

Kein Treffer Volltreffer!

Viertes Gebot: **Beeil dich!**

- Ich bin ständig in Bewegung und mit mehreren Dingen gleichzeitig beschäftigt.
- Ich verbreite Hektik.
- Bloß keine Zeit verschwenden!

0 1 2 3 4 5 6 7 8 9 10

Kein Treffer Volltreffer!

Fünftes Gebot: **Streng dich an!**

- Erfolge muss man sich hart erkämpfen!
- Ich gebe nie auf und reiße mich zusammen.
- Nur wenn etwas mühevoll war, ist es auch wertvoll.

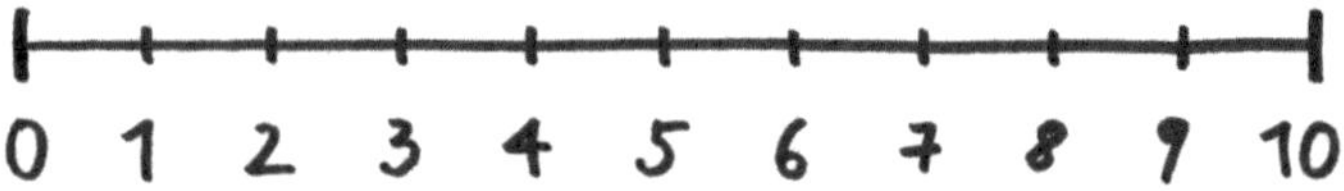

Kein Treffer Volltreffer!

Sechstes Gebot: **Sei immer erreichbar und online!**

- Ohne Smartphone geht gar nichts. Ich schalte es nie aus oder lege es weiter als einen Meter zur Seite.
- Ständiger Austausch von Nachrichten findet statt, gerne auch im Beisein von realen Kontakten.

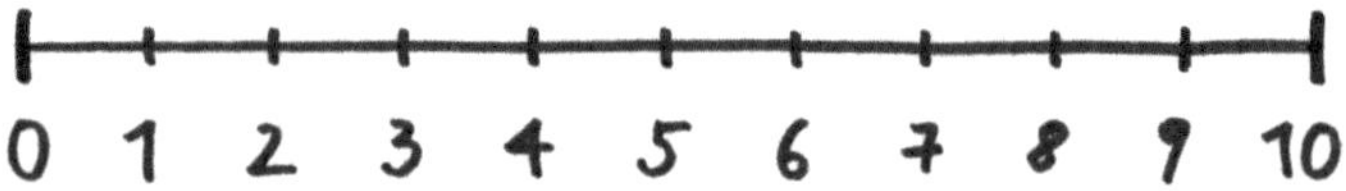

Kein Treffer Volltreffer!

Siebentes Gebot: **Sei immer aktiv!**

- Ich bin immer in Bewegung und immer fleißig.
- Wer rastet, der rostet! Das gilt für die Arbeit genauso wie für die Freizeit. Ich mache Aktivurlaube, treibe sehr intensiv Sport, muss immer etwas arbeiten, unternehmen oder mich verabreden.
- Bloß keine Leere zulassen!

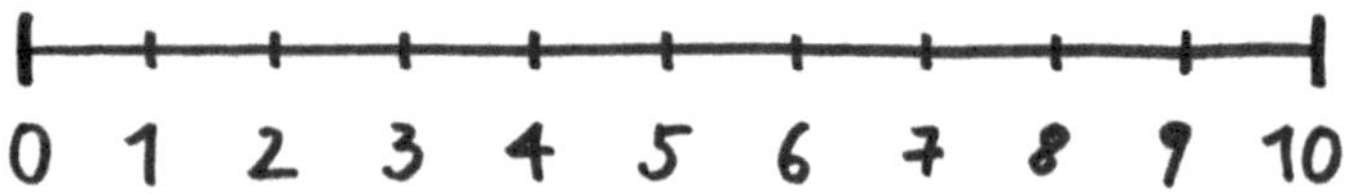

Kein Treffer Volltreffer!

Achtes Gebot: **Sei immer informiert!**

- Die Nachrichten laufen schon früh nach dem Aufstehen und immer wieder über den ganzen Tag hinweg, ohne dass ich dabei etwas Neues erfahre.

- Ich muss doch informiert sein!
- Ich suche nach Neuigkeiten, muss immer noch mehr wissen. Soziale Medien und Surfen im Internet bieten zum Glück endlos Stoff!

0 1 2 3 4 5 6 7 8 9 10

Kein Treffer Volltreffer!

Neuntes Gebot: **Fühle nicht und denke nicht nach!**

- Bloß keine Gedanken machen oder den eigenen Beweggründen und Gefühlen nachgehen!
- Beiß die Zähne zusammen und denk an etwas anderes!
- Vergiss es einfach, das legt sich alles von selbst!

0 1 2 3 4 5 6 7 8 9 10

Kein Treffer Volltreffer!

Zehntes Gebot: **Lenk dich ab!**

- Stille und Alleinsein empfinde ich als unangenehm. Unruhe und ein Gefühl von Leere stellen sich dann ein.
- Ich brauche immer etwas zu tun, Input von außen oder Austausch mit anderen.
- Von unangenehmen Gefühlen oder Gedanken lenke ich mich lieber ab.
- Schnell mal wieder nachschauen, ob ich eine Nachricht habe!

0 1 2 3 4 5 6 7 8 9 10

Kein Treffer Volltreffer!

Finden Sie noch andere Gebote, die Ihnen im Nacken sitzen oder die Sie nicht zur Ruhe kommen lassen?

Was treibt Sie noch an?

Schreiben Sie es hier auf!

Auswertung
Bei jedem Gebot können maximal zehn Punkte erreicht werden. Wenn Sie bei 3 ein Kreuz gemacht haben, dann haben Sie also drei Punkte. Insgesamt sind **höchstens 100 Punkte** möglich – in diesem Fall hätten Sie bei allen Geboten den Volltreffer angekreuzt. Sie wären dann „The King of Antreiber"!

Zwischen 0 und 20 Punkten haben Ihre Antreiber wenig Einfluss auf Ihr Verhalten und keinerlei Macht über Sie! Dadurch lassen Sie sich kaum aus der Ruhe bringen bei Stress, sorgen sehr gut für sich und erfüllen Ihre Bedürfnisse auf direktem Wege – Sie sind also sehr gut bei sich. Für ein Burnout sind Sie gar kein interessanter Kandidat!

Zwischen 20 und 40 Punkten werden Ihre Antreiber spürbarer und treten besonders in stressigen Zeiten in Aktion. Allerdings hält es sich in Grenzen. Sie fühlen sich alles andere als getrieben. Ihre Bedürfnisse erfüllen Sie sich oft, Sie sind gut in Ihrer Persönlichkeit verankert und haben bei Ihren Antreibern die Oberhand. Diese haben nicht genug Kraft, um Sie ins Burnout zu jagen.

Zwischen 40 und 60 Punkten beeinflussen die Antreiber Ihr Verhalten sich selbst und anderen Menschen gegenüber spürbar. Sie fühlen hier deutlicher den Druck, den diese im Alltag auf Sie ausüben, und können nicht so leicht aufhören, der Dynamik zu folgen. Sie und Ihre Antreiber halten sich in der Kräfteverteilung fast die Waage. Im Alltag halten diese Sie bereits spürbar auf Trab, in stressigen Zeiten sind Sie dann noch mehr auf Achse und haben Schwierigkeiten, Ihre Bedürfnisse wahrzunehmen und zu erfüllen. Für ein Burnout entsteht hier ein leichter Rückenwind.

Zwischen 60 und 80 Punkten beeinflussen die Antreiber Ihr Verhalten im Alltag deutlich. Auch in der Freizeit sitzen sie jetzt am längeren Hebel, sodass Sie nicht so einfach abschalten und unabhängig von ihnen handeln können. Besonders in stressigen Zeiten stehen Sie schnell unter Strom und etliche Ihrer Bedürfnisse bleiben unerfüllt. Ihre emotionalen Befindlichkeiten und Ihre körperlichen Rückmeldungen sind schwer spürbar oder werden häufig übergangen. Sie haben genügend Rückenwind, um sich auf ein Burnout zuzubewegen.

Zwischen 80 und 100 Punkten stehen Sie zum großen Teil unter dem Einfluss Ihrer Antreiber. Diese bestimmen Ihr Handeln maßgeblich. Unter Stress laufen Sie sehr schnell heiß und überfordern sich. Sie können Ihren Körper und Ihre emotionalen Befindlichkeiten sehr schwer oder gar nicht wahrnehmen oder übergehen diese sehr oft. Ihre Bedürfnisse bleiben zum großen Teil unerfüllt oder Sie versuchen sie auf Umwegen zu erfüllen. Sie haben sehr viel Rückenwind in Richtung Burnout.

FAZIT

Die 10 Gebote geben Ihnen eine Idee davon, was innere Antreiber sind, wie sie uns auf Trab halten und warum wir in Richtung Burnout steuern können, ohne es bewusst wahrzunehmen.

Die Antreiber arbeiten oft still und unbemerkt im Hintergrund unseres Daseins, wie das Betriebssystem unseres Computers. Sie überdecken unsere gesunde Motivation und sollen unser elementares Bedürfnis nach Sicherheit, Geborgenheit, Anerkennung und Wertschätzung erfüllen, indem wir uns zum Beispiel anpassen, hart arbeiten und versuchen, perfekt zu sein. Sie helfen uns dabei, Konflikte oder Ablehnung zu vermeiden und unangenehme Gefühle und Gedanken spüren zu müssen.

Wir folgen den Dynamiken der Gebote meist aus Gewohnheit, um an unsere Ziele zu gelangen und unsere Bedürfnisse zu erfüllen. Auf Dauer überschreiten wir allerdings deutlich unsere Grenzen, wenn die Antreiber stark ausgeprägt sind. Sie können uns auf Burnout-Kurs bringen und halten.

Nachdem Sie mithilfe des Quiz Ihre stillen Antreiber identifizieren konnten und nun wissen, wie stark sie in Erscheinung treten und Ihr Leben beeinflussen, gehen wir zum zweiten Teil des Buches über und widmen uns den Glücksgesetzen.

2. Teil

WIE SIE DIE
5 GLÜCKSGESETZE
MISSACHTEN MÜSSEN,
UM IM BURNOUT ZU LANDEN

Glücksgesetze sind Lebensgesetze, die immer wirken, genau wie die Schwerkraft. Ich habe sie mir nicht ausgedacht, sondern bin im Laufe meines gesundheitlichen Aufstieges immer mehr auf sie aufmerksam geworden. Dabei habe ich sehr bald bemerkt, dass sie zum einen für uns alle gelten und zum anderen stark unser Wohlbefinden auf allen Ebenen beeinflussen und steuern. In den Glücksgesetzen steckt alles, was wir für uns und unser Leben als erstrebenswert erachten, wie beispielsweise einen gesunden Körper, Geist und Gefühlshaushalt, erfüllende Beziehungen, Lebensfreude, viel Kraft und Energie oder beruflichen Erfolg. Ich nenne sie deshalb Glücksgesetze, weil in ihnen unglaublich viel Potenzial für uns steckt, gesund, ausgeglichen und erfüllt zu leben – eben glücklich zu sein. Sie können uns den Weg ebnen, eine hohe Lebensqualität zu erfahren, oder eben das Gegenteil bewirken, wenn wir sie links liegen lassen. Natürlich finden Sie hier nicht alle Gesetze, die es gibt auf dieser schönen Welt, aber genau diejenigen, die für das Thema Burnout ausschlaggebend und wichtig sind.

Oft kennen wir es selbst oder hören es von unseren Angehörigen und Bekannten: dass insbesondere beruflicher Erfolg mit unangenehmen Nebenwirkungen verbunden ist, also auf Kosten von Gesundheit, Familie und Freizeit geht. Dieses „auf Kosten von“ steht ganz im Dienste des Burnouts und ist für das Missachten der Glücksgesetze unverzichtbar.

Glück lässt sich produzieren, Unglück auch: Dank der Glücksgesetze ist dies möglich und genau diesen Umstand nutzen wir bewusst aus. Die Lebens- und Glücksgesetze sind uns dabei nicht nur eine äußerst wertvolle Unterstützung, sondern einfach elementar!

Weil die Glücksgesetze permanent wirken, erschaffen wir uns ebenfalls permanent Ergebnisse – bewusst und unbewusst. Wenn wir es geschickt anstellen, uns mit und in den Glücksgesetzen bewegen, können wir dadurch eine sehr förderliche und angenehme Lebensqualität erzeugen. Das Gegenteil kann natürlich auch eintreten und es macht einen sehr großen Unterschied für unsere Gesundheit und Lebensqualität, sich bewusst darüber zu sein, welche unserer Handlungen, Einstellungen und Angewohnheiten uns nicht ins Glück führen, sondern zum Beispiel in ein Burnout.

Eine Burnout-Dynamik braucht Futter – ein Momentum von Geschwindigkeit und Einsatz der richtigen Mittel – und hier kommen die Glücksgesetze und ihre Wirkungsweisen ins Spiel. Wenn die Glücksgesetze über eine längere Zeit intensiv genug missachtet werden, dann stellen sich vorhersehbare Resultate, wie ein Burnout oder ein Zusammenbruch, ein.

Eine sehr effektive Burnout-Voraussetzung, die wir alle mehr oder weniger schon mitbringen, ist das Gefühl, dass wir über der Natur und ihren Lebensgesetzen stehen und sie nicht wirklich auf uns zutreffen und wir sie deshalb endlos dehnen können. Eine weitverbreitete Illusion mit ebenso weitreichenden Folgen für uns.

Wodurch Sie die Glücksgesetze missachten und wie damit ein Burnout schnell und sicher erreicht wird, das erfahren Sie in den kommenden Kapiteln.

2.1 DAS GESETZ DER LEBENSENERGIE

Sie erinnern sich bestimmt daran, dass wir beim Burnout über zwei Kennzeichen gesprochen haben, die besonders hervorstechen: erstens ein hoher Anspannungs- und Belastungszustand und zweitens eine große Erschöpfung und Energielosigkeit – beides zur selben Zeit und jeweils in Körper und Psyche.

Um erschöpft und energielos zu werden, ist natürlich das Thema Lebensenergie, was genauso gut für Ihre Schaffenskraft, Lebendigkeit und Motivation steht, unumgänglich. Alle Lebensvorgänge, ob körperlich, geistig oder emotional, benötigen Energie. Ohne sie läuft gar nichts – genau wie bei unserem Smartphone, wenn der Akku leer ist. Mit einem Akku vergleiche ich deshalb gern unser Kontingent an Lebensenergie.

Das Glücksgesetz der Lebensenergie hat ein ganz einfaches Grundprinzip:

1. Glücksgesetz

Was an Energie ausgegeben wird, muss auch wieder aufgefüllt werden.

Nur so werden unsere körperliche und geistige Leistungsfähigkeit und Gesundheit sichergestellt. Lebensenergie ist unser Treibstoff, der all unsere lebenswichtigen Abläufe und Funktionen am Laufen und uns damit am Leben hält. Wir starten unser Dasein mit einem vollen Akku und verbrauchen diesen dann im Laufe unseres Lebens, bis all die Energie schließlich aufgebraucht ist und unser Körper nicht länger am Leben gehalten wird.

Es gibt verschiedene Arten mit diesem Energiekontingent umzugehen. Mit Vollgas durchs Leben zu rasen, benötigt natürlich mehr Treibstoff als eine ruhigere Fahrt mit gelegentlichen Sprints. Sie ist zudem zeitlich begrenzt, solange wir nicht genauso intensiv auftanken und wieder Energie nachladen.

Das Ausgeben von Energie ist immer einfacher, als sie nachzuladen. Wir kennen das vom Geldausgeben. Das ist in der Regel wesentlich einfacher, als das Konto wieder aufzufüllen.

Im besten Fall fließt die Lebensenergie gleichmäßig durch unseren Körper wie das Blut durch unsere Adern. Dann fühlen wir uns körperlich und psychisch ebenso ausgewogen und vital. Wenn sie ins Stocken gerät und wie ein kleiner Tümpel vor sich hin modert, fühlen wir auch das. Gefühle von Schwere, Stagnation und Antriebslosigkeit können dann auftreten. In manchen Bereichen ist zu wenig Energie vorhanden. Dort kommt es dann zu Engpässen in der Versorgung, während sie an anderen Stellen wie ein wilder Fluss zu viel des Guten bringen kann. Ärger, schnelle Reizbarkeit und Ungeduld sind hier mögliche Befindlichkeiten.

Der Speicher Ihrer Lebensenergie funktioniert im Grunde wie der Akku einer Bohrmaschine. Wenn er geladen ist, läuft alles super und wir können mit voller Kraft und Geschwindigkeit bohren. Nimmt der Ladezustand ab, verringert sich automatisch die Leistung und das Bohren wird immer langsamer und kraftloser. Dann gibt es nur eine Möglichkeit: Sie müssen eine Pause einlegen und den Akku wieder aufladen.

Unser Körper gibt uns ebenfalls Ladesignale, wie Müdigkeit oder ein Ruhebedürfnis, ist allerdings viel geduldiger in seiner Energiebereitstellung – bis zu einer Grenze. Bei einem unausgewogenen und niedrigen Energiezustand unseres Akkus kann es zu Engpässen im Körper kommen, die wir neben körperlichen Symptomen auch geistig und emotional zu spüren bekommen. Uns fehlt dann das Gefühl von Kraft, Antrieb und Lebenslust. Es prickelt und pulsiert nicht mehr im Körper, sondern es drückt, klemmt und quietscht. Lebensenergie finden Sie also ganz unmittelbar in Ihrem täglichen Lebensgefühl wieder. Meistens ist ein gewisses Auf und Ab zu spüren. Sehr große Schwankungen zeigen entweder eine besonders hohe Stimmungslage oder im

Gegenteil eine hohe Belastung oder ein einschneidendes Erlebnis an. Ihr Lebensgefühl ist trotz Schwankungen in einer bestimmten Höhe eingependelt, Ihrem Grundlebensgefühl, das Sie immer begleitet und eine Grundstimmung oder -färbung in Ihnen verbreitet. Diese kann zum Beispiel melancholisch oder eher optimistisch sein. Um diese herum bewegt sich dann die Stimmung mal höher und mal niedriger.

Um unsere Lebensstimmung grundlegend und deutlich zu verbessern, braucht es eine ebenso grundlegende und deutliche Erhöhung unserer Energie. Was nach oben funktioniert, funktioniert auch nach unten. Ist unser Akku fast leer, geht unsere Lebensstimmung ebenfalls in den Keller.

Wie steht es um meine Lebensenergie?

Dr. Michael Spitzbart beschreibt in seinem Vortrag „Begeisterung statt Burn-out" (als Video auf Youtube) in Bezug auf unsere Organfunktionen, dass körperliche Symptome erst dann auftreten, wenn bereits 70 Prozent unserer Organfunktionen und unserer Lebensenergie abgebaut sind, das heißt sehr spät.

Dieser große Puffer unseres Zauberwerks Körper führt dazu, dass wir über lange Zeit der Beanspruchung immer noch funktionstüchtig bleiben und deshalb glauben, alles sei in Ordnung. Wenn wir etwas merken, dann ist es oft schon zu spät. Unser Energiekontingent ist dann schon so richtig ausgeschöpft und wir fühlen uns kraftlos, alt und ausgebrannt.

Oft bemerken andere um uns herum schon viel früher unsere Tendenz zum Ausbrennen, nur wir selbst wollen es nicht wahrhaben: „Ich schaffe das! Es muss ja gehen!" Wie fühlt sich also unser Leben an mit verschiedenen Prozenten an Lebenskraft und -energie? Schauen wir uns Ihren Akkustand gemeinsam an:

100 Prozent: Ich bin begeistert und liebe mein Leben! Es ist prickelnd, lebendig zu sein. Der Fokus ist motiviert nach vorn auf Ziele gerichtet.

80 Prozent: Ich fühle mich fit und voll leistungsfähig. Das Gefühl, ich habe Einfluss und kann etwas tun, ist ab hier gut ausgeprägt.

70 Prozent: Ich bin aktiv und leistungsfähig, aber nicht auf der Höhe. Schwierigkeiten werden schneller zu Problemen.

50 Prozent: Das Lachen verschwindet langsam und ich halte freudlos durch, bin schwer zu begeistern und immer häufiger krank. Das Gefühl, den Umständen ausgeliefert zu sein, stellt sich ein. Der Fokus ist auf Probleme gerichtet. Das Gefühl, gehetzt, nervös und deprimiert zu sein, nimmt zu.

30 Prozent: Ich bin häufig krank und schnell erschöpft. Ich weine öfter und habe das Gefühl, dass alles zu viel ist.

20 Prozent: Der Akku ist fast leer: Ich kann nicht mehr! Es folgen Burnout oder Zusammenbruch.

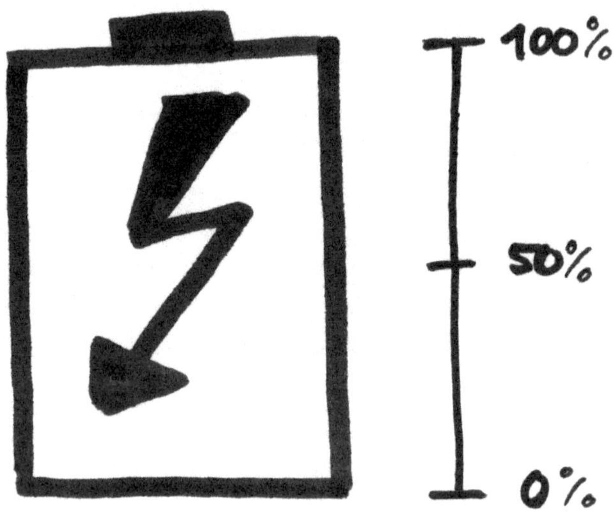

Sicher haben Sie ein Gefühl für den Zustand Ihres eigenen Akkus und wissen, wo Sie sich gerade befinden. Zeichnen Sie nun Ihren momentanen Energiepegel in der nebenstehenden Abbildung ein und schreiben Sie Ihre Prozentzahl dazu.

Haben Sie sich manchmal gefragt, warum Sie so kraftlos sind und doch nicht abschalten können und schlecht herunterkommen vom äußeren und inneren Herumwirbeln?

Einerseits kreist viel Energie im Körper herum und hält auch die Gedanken stark in Schwung, andererseits ist diese Müdigkeit und Sehnsucht nach Entspannung und gutem Schlaf da. Die Energie, die uns so weitertreibt, überdeckt sehr oft unser Gefühl für unser wahres Energieniveau. Sie wird von Stresshormonen bereitgestellt, wenn wir, wie bereits besprochen, im Stress- oder Überlebensmodus sind.

Erst beim Herunterschalten offenbart sich die eigentliche Energiekapazität, unser Akkustand, und die Müdigkeit oder Erschöpfung wird massiv spürbar. Oft sind wir dann schon sehr lange über unsere Kräftegrenzen gegangen. Das ist ab und zu verträglich, solange dies kein Dauerzustand ist und wir unseren Akku auch wieder reichlich aufladen.

Vor einiger Zeit habe ich eine dramatische Geschichte gehört, die das Thema sehr verdeutlicht: Eine junge Frau hatte sich trotz Lungenentzündung und anschließender Bronchitis wochenlang durch den Prüfungsstress gequält und keine Ruhe gegönnt, bis sie eines Tages das Bewusstsein verlor und zusammenbrach. Als sie aufwachte, konnte sie ihre Gliedmaßen nicht richtig spüren und sie konnte weder sprechen noch sehen. Eine ganze Weile lang war unklar, ob sie sich überhaupt wieder von diesem Zusammenbruch erholen würde.

Ihr Körper war zum Glück noch jung und begann sich zu regenerieren, aber so wie vorher war es nicht mehr.

Die Gleichung vom Ausgeben und Auftanken

Wir verbrauchen unsere Energie tagtäglich für all unsere Aktivitäten, auch diejenigen, von denen wir nicht viel mitbekommen, weil sie automatisch laufen, wie unsere Atmung und Verdauung zum Beispiel. Denken benötigt sehr viel Energie, passives Konsumieren wie Fernsehen aber auch und wenn wir bei Stress in Höchstform laufen wie ein Schnellzug am Anschlag, dann ist eines klar: Dafür braucht es viel Treibstoff. Natürlich füllen wir Lebensenergie auch wieder nach, zum Beispiel durch Schlafen, Nichtstun, hochwertige, frische Nahrung und Nahrungsergänzung, Freude, sinnvolles Tun, Stille, angemessene Bewegungsintensität oder indem wir in der Natur sind. Es gibt viele Arten aufzutanken, Sie kennen ganz gewiss Ihre eigenen.

Auf dem Weg in ein Burnout stehen das Ausgeben unserer Energie und ihr Nachfüllen natürlich in einem sehr unausgewogenen Verhältnis. Deshalb werfen wir jetzt einen Blick auf Ihr Bankkonto. Denn wenn Sie an Ihren Kontoauszug denken, dann haben Sie höchstwahrscheinlich Bewegungen auf beiden Seiten vor Augen: Geld, das hineinkommt, und Geld, das Sie ausgeben. Ich glaube, wir alle lieben es, wenn die Habenseite mehr zu Buche schlägt. Wenn jeden Monat unser Vermögen wächst und das Konto immer dicker wird. Herrlich!

Wenn dies genau den Zustand Ihrer Lebensenergie und Vitalität widerspiegelt, dann kann ich nur sagen, es dürfte sehr, sehr schwer für Sie werden, in einem Burnout zu landen. Sie sind in dieser Hinsicht ein hoffnungsloser Fall.

Natürlich gibt es auch die umgekehrte Situation: Wenn wir mehr Geld ausgeben, als wieder hineinkommt, landet unser Kontostand im Minus. Eine unangenehme Lage. Bezogen auf unsere Energie und Kraft gilt das Gleiche wie für unser Bankkonto: Wenn wir auf Dauer immer etwas mehr verbrauchen, als wieder zurückfließt durch Erholung und Auftanken, dann geraten wir ebenso ins Minus. Das heißt, wir haben immer weniger Energie zur Verfügung und unser tägliches Leben wird immer anstrengender und freudloser. Wir leben auf Pump wie beim Dispo, den wir teuer bezahlen. Überschreiten wir den Puffer dieses Dispos oder unserer Energiereserven dann auch noch, dann sind wir pleite.

Übertragen auf den Akku heißt das: Die Kraft ist weg und der Ofen aus. Alles ist aufgebraucht. Das nennt sich Burnout.

WIE SIE DAS GLÜCKSGESETZ DER LEBENSENERGIE AM BESTEN VERNACHLÄSSIGEN

Leeren Sie beharrlich Ihren Akku. Was hinausgeht an Energie, sollte auch draußen bleiben.

Das Gesetz für Burnout lautet bezogen auf die Lebensenergie:

Verbrauchen Sie immer mehr Energie,
als Sie wieder nachladen!

Betrachten wir nun einige besonders gute Hebel für die zwei Facetten des Energieverbrauchs genauer: viel ausgeben und zu wenig nachfüllen.

Besonders effektive Methoden zum Verschwenden von Energie:

- Seien Sie möglichst pausenlos und unter hohem Druck aktiv!
- Geben Sie immer mindestens 150 Prozent!
- Sorgen Sie sich voller Einsatz immer um andere Menschen und ihre Belange!

- Verausgaben Sie sich nach einem anstrengenden Tag noch so richtig mit intensivem Sport, als gäbe es kein Morgen und als wären Sie noch Anfang zwanzig!
- Leben Sie so, als ob die Welt zusammenbricht, wenn Sie nicht erreichbar sind, alles zusammenhalten, selber machen, überwachen und organisieren!
- Gönnen Sie sich keine Ruhe bei Krankheit!
- Gestalten Sie Ihre freie Zeit so, dass Sie sich auch hier ständig fordern und immer auf Achse sind, oder streichen Sie sie am besten gleich!
- Grübeln Sie und machen Sie sich im Stillen alle möglichen Sorgen und vermeiden Sie es, nach Lösungen und Auswegen zu suchen oder sich Hilfe zu holen.
- Tragen Sie möglichst viele emotionale Belastungen mit sich herum. Diese immer zu unterdrücken und zu managen, verbraucht viel Energie. Die Inhalte selbst sind wie gebundenes Energiekapital, also Energie, die Ihnen nicht frei zur Verfügung steht.
- Wenn Sie mal Sofazeit haben sollten, dann nur, um möglichst viel fernzusehen, um aufregende und negative Inhalte zu konsumieren. Denn auch passiv sein sollte schlauchen!
- Unordnung und Chaos wirken sich auf das Verschwenden von Energie sehr günstig aus. Ständig auf der Suche nach irgendwelchen Dingen zu sein, wichtige Termine zu verpassen und sich schwer entscheiden zu können, das alles passt sehr gut hierher!
- Und natürlich Social Media: Reagieren Sie möglichst auf jeden Pieps!

Wie oder womit verbrauchen Sie Ihre Energie?	....

Was müssten Sie tun, um Ihren Akku noch mehr zu leeren, welche Aktivitäten bräuchte es dafür?	....

Besonders effektive Methoden, die das Auftanken von Energie stark verhindern:

- Machen Sie keine oder zu wenige Pausen! Schnell, schnell, weiter geht's!
- Ruhen Sie sich nicht aus, auch nicht in Ihrer Freizeit oder im Urlaub!
- Vermeiden Sie Stille und Alleinsein und erst recht Genuss und Muße!
- Nichtstun ist ein No-Go!
- Vergessen Sie nie Ihre Pflichten! Amüsieren können Sie sich später, also in der Rente!
- Essen, nein, schlingen Sie Dinge in sich hinein, die wie Lebensmittel aussehen, aber weniger Vitalstoffe haben als eine Salzstange!

Wie oder wodurch verhindern Sie das Auftanken Ihres Akkus?	....

Das Beste kommt natürlich zum Schluss: unser heiliger Schlaf! Denn wer beim Schlaf ansetzt, verhindert das Auftanken mit Energie besonders effektiv und bewegt sich noch zügiger auf ein Burnout zu.

Ungefähr acht Prozent der Deutschen leiden, laut Dr. Hans-Günther Weeß, Deutschlands bekanntestem Schlafforscher, bereits unter Ein- und Durchschlafstörungen. Es ist damit eine Volkskrankheit. Ich selbst war richtig konsequent beim Schlafloswerden und ebnete damit den Weg für meinen Zusammenbruch erheblich. So schaffen auch Sie es:

Schlaflos in 3 Schritten

Erstens: Am besten verpassen Sie den richtigen Moment zum Schlafengehen und halten sich wach mit Kaffee und reichlich Input, wenn möglich aufregend und intensiv oder geistig anstrengend. Wenn Sie angeregt in Ihren sozialen Netzen unterwegs sind oder einfach nicht den Ausschalter vom Fernseher oder Computer finden – wunderbar! Einfach bis direkt an die Bettkante vor dem Bildschirm sitzen oder Grundsatzdiskussionen mit dem Partner oder pubertierenden Kind führen.

Wenn Sie sich dann doch irgendwann und viel zu spät ins Bett legen, aber möglicherweise trotz allem leicht einschlafen sollten, könnten Sie dies noch verhindern, indem Sie anfangen, sich Sorgen zu machen, über ein Problem nachzudenken oder sich über die blöde Bemerkung Ihres Kollegen heute zu ärgern.

Zweitens: „Entspannung ist der Schlüssel zum Schlaf", sagt der Schlafexperte Dr. Weeß. Deshalb vermeiden Sie unbedingt Ruhe und Entspannungszeit im Laufe des Tages, besonders aber vor dem Schlafengehen. Licht voll aufdrehen und los geht es! Irgendetwas zum Konsumieren, Erledigen oder Organisieren werden Sie schon finden.

Drittens: Vermeiden Sie angemessene Bewegung, das gleicht emotionale und geistige Anspannung nur unnötig aus und ermüdet den Körper für den Schlaf.

Wiederholen Sie diese drei Schritte einfach immer wieder, am besten täglich, dadurch wird das Herunterfahren vom Stressmodus auf Entspannung verhindert oder stark abgebremst. Es wird immer schwerer, in den Schlaf zu finden oder durchzuschlafen. Et voilà, da ist sie, die Schlafstörung!

Was macht Sie schlaflos?	....

Was müssten Sie tun, um dies noch zu verstärken?	....

Es gibt auch Schlafmangel-Freiwillige, die verkünden: „Ich brauche nur vier Stunden Schlaf!“ Wenig zu schlafen, ist ja für einige Mitmenschen regelrecht ein Statussymbol von Leistung und Aktivität geworden und richtig „in“. Schlafen dagegen sei etwas für Looser. Einstein jedoch soll übrigens rund zehn oder elf Stunden Schlaf benötigt haben!

FAZIT

Ihr Akku steht für Ihr Kontingent an verfügbarer Kraft und Lebensenergie. Lebensenergie ist etwas Vergängliches. Was ausgegeben wird durch all unsere täglichen Aktivitäten, muss auch wieder aufgetankt werden. Kein Mensch erwartet von seinem Auto, dass es ohne Sprit läuft. Bei uns selbst sehen wir das gelassener. Wir können lange Zeit auf Reserve fahren. Und weil dies so gut funktioniert, vergessen wir glatt die Gleichung vom Ausgeben und Auftanken, bis es zu spät ist und wir noch nicht einmal mehr die Energie haben, uns ein Brötchen zu schmieren.

Sie haben Ihre Lebensenergie und Ihren Akku kennen und einschätzen gelernt und wissen, wie Sie Letzteren leeren. Für den schnellen und sicheren Weg ins Burnout beachten Sie stets: Was hinausgeht an Energie, sollte auch draußen bleiben.

Überziehen Sie Ihr Energiekonto! Wenn Sie diese einfache Regel beherzigen und Ihre Energien verschwenden, als gäbe es kein Morgen, dann kommen Sie ganz schnell voran in Richtung Burnout. Mangelnder Schlaf und zu wenig Ruhe sind dabei ebenso wirksam, wie immer unter Druck zu stehen und 150 Prozent zu geben. Sie halten auf diese Weise den Stressmodus in Gang und sorgen stetig für das Verbrauchen Ihrer Energie. Hohe Anspannung bei gleichzeitiger Erschöpfung sind das Pfeffer und Salz des Burnouts.

Aber damit nicht genug: Sie werden sehen, wie gut das Glücksgesetz der Lebensenergie in unser nächstes Glücksgesetz greift und dass beide nicht voneinander zu trennen sind.

2.2 DAS GESETZ VOM PENDEL

Erinnern Sie sich noch daran, wie Sie das letzte Mal geschaukelt oder Ihr Kind beim Schaukeln angeschubst haben? Ist die Schaukel dabei jemals zwei Meter nach vorn und nur einen Meter nach hinten geschwungen? Oder nur nach vorn? Ich nehme an, dass für Sie dieselben Naturgesetze gelten und wir die gleiche Erfahrung gemacht haben, dass nämlich die Schaukel nach beiden Seiten gleich weit ausschlägt und schwingt – außer die Halterung löst sich und wir entwickeln ungeahnte Flugkräfte …

Um nach vorn zu schwingen, brauchen wir die Gegenbewegung, das Nach-hinten-Schwingen, sonst wird einfach nichts aus unserem Bemühen, hoch hinauszukommen. Das Schwingen in die eine Richtung funktioniert nur durch das Schwingen in die entgegengesetzte Richtung. Wie unsere Schaukel so verhält sich auch ein Pendel: Es folgt dem Gesetz, hin- und herzuschwingen.

Das Glücksgesetz vom Pendel hat ein ganz einfaches Grundprinzip:

2. GLÜCKSGESETZ

Ein Pendel schwingt immer gleichermaßen in beide Richtungen.

Tag und Nacht, Sommer und Winter, Einatmen und Ausatmen, nach außen gerichtet sein und sich nach innen wenden, Anspannung und Entspannung, Pflichten erfüllen und Herumdallern: Die Liste ist lang und wir könnten sie endlos fortsetzen. Was diesen Paaren jeweils zugrunde liegt, ist, dass wir immer zwischen ihren beiden Komponenten hin- und herschwingen und nicht auf Dauer auf einer Seite bleiben können.

Das Pendel steht für Ihren Lebensrhythmus und Ihre Flexibilität, sich zwischen zwei Polen zu bewegen und damit Ausgleich wie auch das ganze Spektrum menschlicher Erfahrungen zu erleben. Wir leben und funktionieren in diesen elementaren Rhythmen – jeden Tag. Unsere inneren Rhythmen sind dabei immer in die äußeren Rhythmen eingebunden. Die verschiedenen

Tages- und Jahreszeiten haben unterschiedliche Auswirkungen auf uns. Ganz einfach gesagt: Draußen wird es dunkel und wir werden schläfrig, wären da nicht die vielen Bildschirme und Leuchten …

Sie werden sehen, warum das Glücksgesetz vom Pendel unumgänglich ist, wenn es um die schnelle Entstehung eines Burnouts geht. Es ist uns Menschen im Laufe unserer Entwicklung gelungen, die Nacht zum Tag zu machen, und so sind wir immer länger aktiv und mit unserer äußeren Welt beschäftigt und können rund um die Uhr fernsehen, einkaufen, essen, uns austauschen und amüsieren. Das Wochenende ist nicht mehr klar abgegrenzt von der Arbeitswoche und so haben wir eine allgemeine Verschiebung des Pendels in eine Richtung, und zwar in diejenige, wach zu sein, Leistung zu erbringen, nach außen gerichtet zu sein, viele Informationen aufzunehmen und aktiv zu sein.

Stellen Sie sich vor, es wäre immer Sommer, die Sonne würde brennen und nicht mehr richtig untergehen, sondern nur ganz kurz, um dann wieder voll in Licht und Wärme zu erstrahlen. Wir würden – nach einem anfänglichen High – wahrscheinlich schnell wahnsinnig werden, da uns einfach die kühle, dunkle Stille der Nacht zum Ausgleich fehlte.

Damit sich ein Burnout entwickeln kann, muss dieses elementare Lebens- und Glücksgesetz des Schwingens in beide Richtungen ganz stark ins Ungleichgewicht gebracht werden.

Einatmen, ohne auszuatmen

Versuchen Sie einmal, tief einzuatmen und dann nur ein klein wenig wieder auszuatmen, um dann wieder voll einzuatmen. Nach spätestens fünf Versuchen werden Sie sich wie ein Ballon kurz vor der Abfahrt fühlen. Es ist unangenehm und bringt nicht nur den Atem richtig durcheinander. Dasselbe gilt natürlich für das Ausatmen, würden wir nicht wieder richtig einatmen. Der Rhythmus des Schwingens unseres Körpers lässt sich auf diese Weise hautnah erfahren.

Auf Schnelligkeit folgt Hektik und Druck und darauf wieder eine E-Mail, die zu beantworten ist. Langsamkeit, Nichtstun und einfach mal in Ruhe ein menschliches Wesen und keine menschliche Arbeitskraft zu sein als natürliche Gegenbewegung zum Arbeiten, das ist fast schon etwas Fossiles im heutigen menschlichen Dasein geworden.

Still und mit sich selbst zu sein, ohne dabei irgendetwas zu tun und ohne das Beisein eines Smartphones oder eine Hintergrundberieselung, ist doch eher eine Seltenheit geworden. Bloß nicht ruhen und mit sich allein sein!

„Wie, du hast nichts gemacht im Urlaub?!" – auch die Freizeit-Erlebnis-Latte hängt bei manchen sehr hoch. Nach dem „Urlaub" werden alle Berge, die in der Umgebung bestiegen wurden, plus die Besuche aller kulturhistorisch wichtigen Sehenswürdigkeiten und Museen stolz aufgezählt und mit perfekt gestalteten Fotobildbänden nachgewiesen.

Wenn wir etwas tun, dann aber bitte auch richtig! Einatmen, ohne auszuatmen.

AUSATMEN, OHNE EINZUATMEN

Unterforderung oder Rebellion gegen Herausforderungen stellen genauso eine steckengebliebene Pendelbewegung dar. Ausatmen, ohne einzuatmen: Bei Unterforderung sind die Anforderungen von außen zu gering oder fehlen ganz. Ein deprimierendes Gefühl, besonders, wenn man gerne möchte und auch könnte. Auf Sparflamme laufen heißt das, obwohl ein inneres Feuer da ist.

Hier ist genauso viel Potenzial für ein Burnout durch Frustration, Depression und dadurch emotionale Erschöpfung.

Rebellion nimmt das andere Ende des Pendels ebenfalls ganz intensiv für sich in Anspruch. Der Nihilist lebt „auf der anderen Seite" und gegen die anderen oder „das System".

Wohlbefinden oder Krankheit – sie können stets in beide Pendelrichtungen entstehen, wie Sie sehen. Eine einseitige Dominanz sorgt immer für eine Überbelastung und ein Ungleichgewicht im ganzen Körper und in der Psyche, was den Weg in den Energieverlust und die Frustration ebnet. Das ist es ja, was ein Burnout braucht: aus dem Gleichgewicht zu geraten.

Weil wir Mutter Natur nach allen Regeln der Kunst auszutricksen versuchen und uns schon so viel dabei erobert haben, erscheinen unsere Kräfte endlos und das Pendeln altmodisch und hinfällig. Interessant ist allerdings, dass gleichzeitig mit dem einseitigen Dehnen dieses Naturgesetzes enorm viele Süchte, Krankheiten, abgestumpfte Beziehungen oder Fettleibigkeit auftreten. Wir werden selbst immer gestörter, je mehr wir unsere eigene Balance und die unserer Natur und Beziehungen stören.

Aus meiner persönlichen Erfahrung und durch die Arbeit mit anderen Menschen muss ich Folgendes feststellen: Mutter Natur sitzt immer am längeren Hebel. Wenn nicht sofort, dann kommt die Gegenbewegung später – dafür umso länger und intensiver. Das ist nicht verhandelbar.

WIE STEHT ES UM MEIN PENDEL?

Schauen Sie sich nun Ihr eigenes Pendeln genauer an. Das Pendel hat zwei Pole: Anspannung und Entspannung. Es kann nach beiden Seiten jeweils von 0 bis 10 ausschlagen. 0 bedeutet auf der

Anspannungsseite keinerlei Anstrengung und 10 maximale Anstrengung. Auf der Seite der Entspannung bedeuten 0 Punkte keinerlei Entspannung und 10 Punkte maximale Entspannung.

Zeichnen Sie bitte – Ihrem Gefühl nach – Ihren Pendelausschlag zwischen 0 und 10 für das Ausmaß Ihrer Anspannung ein. Nehmen Sie dabei den maximalen Wert, den Sie über den Tag hinweg empfinden. Schreiben Sie den Wert dazu.

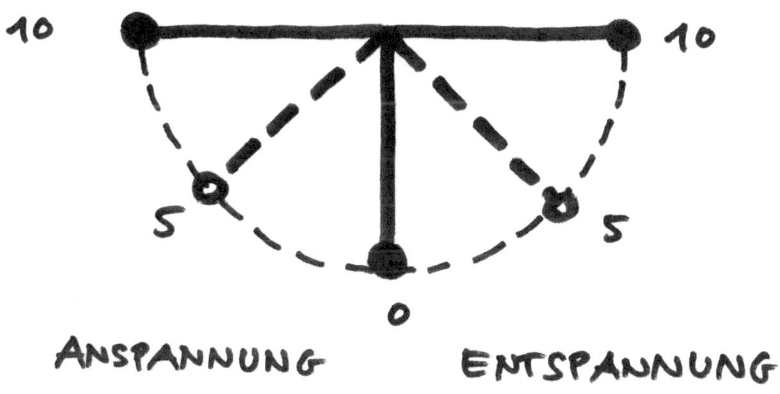

Danach zeichnen Sie Ihren Pendelausschlag zwischen 0 und 10 für das maximale Ausmaß Ihrer Entspannung ein, die Sie über den Tag hinweg empfinden. Schreiben Sie auch hier den Wert dazu.

Damit haben Sie das maximale Spektrum Ihres Hin- und Herschwingens für den wichtigen Burnout-Wert Anspannung und Entspannung vor sich. Er lässt Sie ganz klar erkennen, ob Sie genauso hart arbeiten wie entspannen.

Das Prinzip der Pendelbewegung können Sie für sich selbst natürlich auf viele weitere Faktoren ausdehnen, wie Tag-Nacht-Rhythmus, Pflichten und Vergnügen, Erkunden von Neuem und Sesshaftigkeit, allein oder unter Menschen sein und so weiter.

Wie Sie das Glücksgesetz vom Pendel am besten vernachlässigen

Das Schwingen in die eine Richtung sollte nicht durch das Schwingen in die entgegengesetzte Richtung ausbalanciert werden. Beim Schaukeln ist dies unmöglich, denn die Naturgesetze kennen kein Pardon. Wir dagegen kennen sämtliche Dehnungsmöglichkeiten der Lebens- und Glücksgesetze.

Das Gesetz für Burnout lautet bezogen auf das Pendel:

Pendeln Sie einseitig!

Sie werden sehen, wie leicht es sich umsetzen lässt. Schauen Sie sich um, dann entdecken Sie ohne Anstrengung ganz viele Vorbilder. Der Großteil unserer Mitmenschen lebt so. Es ist normal, zu „hinken“. Vielleicht sind auch Sie mit dem Credo aufgewachsen, dass nur harte Arbeit etwas zählt und dann auch Sie. Oder Sie rebellieren genau dagegen und leben ganz stark auf der anderen Seite. Beides wirkt sich sehr förderlich auf ein einseitiges Pendeln und damit auf den Burnout-Erfolg aus. Besonders effektive Methoden zum einseitigen Pendeln, die ein Burnout fördern, sind:

Tag-Nacht-Rhythmus

Dehnen Sie den Tag-Nacht-Rhythmus einfach ganz stark in Richtung Tag, indem Sie sich von Ihrer Müdigkeit ablenken, weiterarbeiten oder -beschäftigen. Licht an und Augen auf! Es gibt immer etwas, was nicht bis morgen warten kann.

Aktiv und passiv

Seien Sie am besten immer aktiv. Verausgaben Sie sich, gerne auch sportlich, zum Beispiel bei Marathon und Triathlon, vernachlässigen Sie die nötigen Phasen des Auftankens und der Ruhe und vermeiden Sie es, nichts tuend vor sich hinzuschauen.

Wenn Sie hingegen zu lange passiv sind, dann kommen Sie immer schwerer wieder in Gang. Verschieben Sie am besten Erledigungen oder den wichtigen Anruf auf morgen. Denken Sie immer nur daran, was Sie tun wollen, und vermeiden Sie es umzusetzen.

Anspannung und Entspannung

Wenn Sie in einen angespannten Zustand geraten, dann sollten Sie darauf achten, diesen zu erhalten, vielleicht mit ein wenig Sorgen, Hektik, Dramatik und Zeitdruck. Viel Kaffee trinken unterstützt Sie prima dabei. Um Entspannungsmethoden, Problemlösungen und Muße sollten Sie einen großen Bogen machen.

Bei zu lang anhaltender Entspannung hingegen – nach ungefähr sechs Monaten in der Hängematte –, tritt eventuell Langeweile und das Gefühl von Unterforderung ein.

Verpflichtungen und Spaß haben

„Erst die Arbeit, dann die Verpflichtungen!“ – denken Sie immer daran und im Zweifelsfall räumen Sie halt Ihren Keller auf oder sortieren Ihre Schränke neu. Verschieben Sie Wünsche und Freude, Hobbys und Freunde einfach auf das nächste Jahrzehnt. Zu viele Pflichten löschen das Feuer der Begeisterung und Leidenschaft nach und nach. „Das waren ja eh nur Träume!“ Ohne Begeisterung kann man weniger enttäuscht werden – allerdings auch deprimiert und lustlos.

Kontrollieren und loslassen

„Wenn ich nicht alles selber mache, dann läuft es schief!“ – mit dieser Einstellung werden Sie es sehr weit bringen. Am eindrucksvollsten ist mir Jack Lemmon in „Ein seltsames Paar“, einem seiner Filme mit Walter Matthau, in Erinnerung, wo er als zwanghaft kontrollierender Ehemann jedes Mal das Essen seiner Frau nachkochte. Deswegen wohnte er dann auch bei Walter …

Also: Nichts dem Zufall überlassen und Hände weg vom Delegieren! Eine starke Erwartungshaltung sich selbst und anderen gegenüber ist sehr förderlich.

Eindruck und Ausdruck

Nehmen Sie stets mehr Informationen auf, als Sie brauchen, verdauen und verarbeiten können. Stapeln Sie sie immer weiter auf, ohne dass sie Sinn ergeben oder zu etwas führen, zu einem Ausdruck oder Umsetzen zum Beispiel. Achtung, da kommt sie wieder, die Informationsflut! Sie sind ihr hoffnungslos ausgeliefert – nachdem Sie selbst auf mindestens zwei Tasten gedrückt haben.

Work-Life-Balance

„Ich arbeite, also bin ich!“ – dieser Leitsatz wirkt wie ein Wundermittel!

Berufliches und Privates

Am besten essen und schlafen Sie mit dem Telefon in der Hand, damit Sie jederzeit für Ihren Chef oder Ihre Kunden erreichbar sind. Reden Sie unaufhörlich von Ihrer Arbeit, lassen Sie Ihre Freundin oder Ihren Freund beim gemeinsamen romantischen Dinner sitzen oder verpassen Sie es am besten gleich. Beantworten Sie während Ihrer privaten Gespräche noch eine ganz dringende Mail. Immer daran denken: Verpflichtungen und Arbeit kommen zuerst! Feierabend und Wochenende sind wirklich nur etwas für Leute, die keine beruflichen Ziele oder genügend Motivation haben.

Auch im Privaten bieten sich viele Möglichkeiten der Erschöpfung: zum Beispiel alleinerziehend zu sein und zu glauben, immer nach höchsten Qualitätsansprüchen funktionieren zu müssen oder in einer unglücklichen Beziehung mit Dauerstreit zu leben.

Geben und nehmen

Seien Sie immer aufopferungsvoll und hilfsbereit für andere da und sagen Sie zu jedem weiteren Antrag Ja. Übernehmen Sie möglichst viel Verantwortung, die nicht die Ihre ist. Nehmen Sie weder Geschenke noch Anerkennung und Unterstützung an. Geben Sie mehr als zurückkommt. Ihre Lebensenergie wird geschröpft und die Last auf den eigenen Schultern wird immer größer.

Innen und außen

Seien Sie am besten fortwährend mit Ihrer Umwelt beschäftigt – mit Menschen, Dingen, Situationen und natürlich Ihrem Smartphone – und nie mit sich selbst und Ihrem Innenleben in Kontakt.

Nur im geistig-emotionalen Innenleben zu sein, kann ebenfalls sehr erschöpfend und anstrengend sein, wenn es viel zu bieten hat an Gedanken- und Gefühlsspiralen, Zweifeln und Ängsten. Hier kommt besonders gerne emotionale Verausgabung ins Spiel.

Was lässt Ihr Pendel einseitig schwingen?

....

....

....

....

....

....

....

Was müssten Sie tun, um es noch weiter nur in eine Richtung schwingen zu lassen?	....

FAZIT

Das Pendel steht für ein ausgeglichenes Leben – und Arbeiten. Im Leistungssport ist es schon lange bekannt: Leistungserfolge stellen sich nicht ein, wenn nur viel und hart trainiert wird. Erst die Mischung aus Training und ausgiebiger Ruhe, gutem Schlaf und der Zufuhr hochwertiger Vitalstoffe bringt den Erfolg. Einatmen und ausatmen, geben und nehmen, aktiv und passiv sein also. Nur dieser Rhythmus garantiert auf Dauer eine stabile Psyche, ein hohes Energieniveau und Gesundheit – auch in Beziehungen.

In der Arbeitswelt, aber auch im Umgang mit uns selbst steht sehr oft nur die Leistung im Vordergrund. Es fehlt die andere Komponente des Schwingens, um leistungsstark zu bleiben: das Auftanken und Sich-selbst-Pflegen. Wir versuchen, mit viel Krafteinsatz und auf hohem Niveau den Alltag zu bewältigen bei wenig Kompensation. Menschlich und betriebswirtschaftlich gesehen ist das eine Rechnung ohne Perspektive.

Wollen Sie sehr schnell ins Burnout, dann pendeln Sie bitte einseitig.

2.3 DAS GESETZ DER WAAGE

Erinnern Sie sich noch, wie das war, wenn Sie auf einer Wippe saßen und Ihr Gegenüber viel schwerer war? Sie schnipsten bei genügend Schwung von Ihrem Sitz in die Luft und hatten nur noch den kleinen Griff in der Hand. Ich fand das immer ein recht lustiges Gefühl, auch wenn mir etwas unbehaglich dabei war, weil ich wenig oder gar keinen Einfluss auf das Geschehen hatte. Umgekehrt war es natürlich auch mal schön, wenn ich mit meinem Gewicht die andere Person einfach in der Luft halten oder die Bewegungen steuern konnte. Aber am besten wippen ließ es sich mit einer ähnlichen Gewichtsklasse.

Das Glücksgesetz der Waage hat ein ganz einfaches Grundprinzip:

3. GLÜCKSGESETZ

Jedes Gewicht braucht ein Gegengewicht.

Es spielt beim Wippen keine Rolle, wie schwer man selbst ist, sondern wie groß das Gewicht auf der anderen Seite oder der Gewichtsunterschied zwischen den beiden Wippenden ist. Der Schwerere kontrolliert die Situation. Diesen Zusammenhang schauen wir uns gemeinsam etwas näher an, um zu erfahren, was eine Waage oder das Wippen mit einer Burnout-Dynamik zu tun hat.

In unserem Leben sammeln und produzieren wir ständig verschiedenste Erfahrungen – von sehr schönen und angenehmen bis hin zu sehr unangenehmen und belastenden. Die Waage steht für die Balance zwischen den förderlichen und den belastenden Dingen in Ihrem Leben. Mal geht mehr Gewicht in die eine Schale der Waage, mal in die andere. Manchmal laufen unser Leben, unsere Beziehungen und die Arbeit gut und leicht, zu anderen Zeiten schwerer und komplizierter.

Wenn in der einen Schale der Waage ein hohes Gewicht liegt und wir dessen Wirkung abschwächen möchten, dann müssen wir entweder dieses Gewicht reduzieren, zum Beispiel eine Problemdiät machen, oder aber ein passendes Gegengewicht finden, das die Waage in die andere Richtung bewegt. Am besten beides. Nur so gelangen wir in einen Zustand, von dem es umgangssprachlich heißt: „Es hält sich die Waage". Legen wir sehr viel in eine Waagschale – im positiven wie im negativen Sinne –, dann wird sich unsere gesamte Lebensqualität zugunsten dieser Gewichtung verschieben.

Wir wollen uns im Folgenden ansehen, wie wir das Glücksgesetz der Waage aus der Balance bringen, sodass Unausgewogenheit entsteht, die so sehr das Burnout fördert. Die einflussreichsten Faktoren sind eine dauerhaft starke Belastung und eine intensive Verausgabung, die weit über die persönlichen Grenzen hinausgehen.

Sie erinnern sich bestimmt noch an das Gesetz der Lebensenergie und daran, wie Sie es am besten vernachlässigen: Was an Energie ausgegeben wird, sollte nicht aufgetankt werden, sondern draußen bleiben. Auf ähnliche Weise lässt sich das Glücksgesetz der Waage missachten. Wenn wir immer mehr Energie verbrauchen als nachladen, dann stellt sich dadurch eine einseitige Belastung ein, die sich in einer ebenso einseitigen Gewichtung der Waage zeigt. Diese Verschiebung kann man als ein belastendes und schweres Lebensgefühl spüren.

Was ins Gewicht unserer Lebenswaage fällt, sind nicht nur die großen, einschneidenden Ereignisse, sondern auch all die vielen kleinen Angewohnheiten, Dinge und Handlungen, die immer wieder täglich ablaufen oder im anderen Fall unterlassen werden – äußere Umstände und Begebenheiten genauso wie körperliche, geistige und emotionale Befindlichkeiten. Fällt aufgrund unserer Lebensweise mehr Gewicht in die Belastungsschale und macht es sich als Druck- und Belastungsgefühl bemerkbar oder halten sich die Schalen die Waage?

Je schwerer die belastende Seite wird, umso hilfloser wird die förderliche – wie auf der Wippe. Die leichtere, lebensbejahende Seite wird unfähig, gegenzusteuern und ihren Einfluss geltend zu machen. Umgekehrt ist dies natürlich auch der Fall und die Auswirkungen sind sehr positiv.

Ich möchte es Ihnen anhand eines Bildes verdeutlichen: Stellen Sie sich vor, Sie sitzen auf einer Wippe und haben all Ihre Kräfte und Fähigkeiten voll zur Verfügung. Ein schönes Gefühl. Auf der anderen Seite sitzen Ihnen Ihre Herausforderungen, Schwierigkeiten und Anforderungen gegenüber. Solange Sie mit ihnen umgehen und Ihre Probleme lösen können, Ihre Kräfte gut auftanken und deshalb schwerer bleiben – kein Problem! Der Gegenpart wird also nicht gewichtiger als Sie selbst und so behalten Sie die Oberhand und die Kontrolle. Das fühlt sich nach Handlungsspielraum an und Sie verfügen über Energiereserven und wahrscheinlich auch über Freude an dem, was Sie tun.

Aber wenn sich auf der Gegenseite die Gewichte stapeln, alte und neue Probleme ungelöst bleiben und plötzlich starke Belastungen zusätzlich auftreten – aufgrund einer persönlichen Krise, wie Krankheit oder Trennung, oder auch einer beruflichen und finanziellen Krise –, dann tritt schnell ein Übergewicht auf der anderen Seite ein.

Ohne ein deutliches Gegensteuern in Form von Gewichtsproblemlösung und persönlicher Selbstpflege sind die Kraftreserven bald aufgebraucht und Sie werden immer gestresster, schwächer und handlungsunfähiger. In solch einer Situation sitzen nicht mehr Sie am längeren Hebel, sondern werden ausgehebelt von Ihren Problemen.

Dann befinden wir uns genau in der Situation, in der sich Ihre Lebenswaage verschiebt zu Ihren Ungunsten und zugunsten eines Burnouts.

Sowohl Erfolg als auch Unterforderung können auf Kosten der Balance gehen. Lebensgeschichten, bei denen beruflicher Erfolg auf Kosten der Balance geht, sind leider keine Seltenheit. Ich kenne einen sehr erfolgreichen Geschäftsmann, der etliche Unternehmen aufgebaut hat und sehr weitsichtig ist. Er kann wunderbar delegieren und hat dadurch immer Mitarbeiter, die selbstständig denken und handeln können, sodass er sich den Tätigkeiten zuwenden kann, die oberste Priorität für ihn haben. Er macht also vieles richtig. Er ist über Jahre hinweg, allerdings mit vielen Kämpfen, beruflich sehr erfolgreich geworden.

Leider ist es um seine Gesundheit und um sein Familienleben nicht so gut bestellt. Seine Waagschalen sind jahrelang sehr intensiv einseitig mit beruflichen Herausforderungen gefüllt worden. Daran zerbrach der Familienzusammenhalt und es folgte die Trennung von seiner Frau und den Kindern. Gesundheitlich war er über viele Jahre angeschlagen, bis er sich etwas ruhiger verhielt und sich mehr aus dem Stressgeschehen zurückzog. Daraufhin wurden auch seine familiären Verbindungen wieder belebt und der Kontakt verbesserte sich sehr.

Aber auch das Gegenteil von beruflicher Höchstleistung kann eine enorme Unausgewogenheit erzeugen. Falls Sie mit starker persönlicher und beruflicher Unterforderung konfrontiert sind, dann kommen Freude und Energie mit großer Wahrscheinlichkeit auf Dauer abhanden. Aus Unterforderung wird Unzufriedenheit und eine belastende Situation, die sich ebenfalls in der Waage bemerkbar macht und ihre Spuren hinterlässt.

Für dauerhafte Gesundheit und Lebensfreude nehmen Sie sich Zeit für Ihre verschiedenen Lebensbereiche, Interessen und Bedürfnisse und nicht nur für einen Aspekt Ihres Lebens, meistens den des „Ich leiste etwas“. Ihre Stärken, Fähigkeiten und Kräfte wiegen dann um ein Vielfaches mehr als Ihre Herausforderungen.

Im Fall eines Burnouts stapeln sich die Belastungen immer mehr auf – aus meiner eigenen Erfahrung eine sehr beängstigende Entwicklung –, während die gesunde Seite an Kraft und Nervenstärke verliert und zunehmend hilflos diesem wachsenden Dilemma gegenübersitzt. Die Kontrolle über die Situation und die eigenen Befindlichkeiten entgleitet immer mehr, wenn keine deutlichen Veränderungen geschehen, die den Druck herausnehmen.

WIE STEHT ES UM MEINE WAAGE ?

Schauen Sie sich nun Ihre eigene Waage genauer an. Die Waage hat zwei Schalen: eine für die angenehmen, förderlichen und schönen Dinge des Lebens und die andere für die belastenden und unangenehmen Dinge. Die Waage kann auf beiden Seiten auf einer Skala von 0 bis 10 Gewichtung erlangen. 0 bedeutet auf der angenehmen Seite keinerlei Annehmlichkeiten und Genuss und 10 vollste Gewichtung mit schönen Dingen. Entsprechend bedeutet auf der belastenden Seite 0 keinerlei Lasten und 10 die maximale Gewichtung mit Stress, Sorgen, Ängsten und Schmerzen.

Zeichnen Sie bitte – Ihrem Gefühl nach – Ihre Gewichtung zwischen 0 und 10 für das Ausmaß der unangenehmen Dinge auf der einen Seite der Waage ein. Nehmen Sie dabei den maximalen Wert, den Sie über den Tag empfinden. Schreiben Sie den Wert dazu.

Danach zeichnen Sie die Gewichtung zwischen 0 und 10 für das maximale Ausmaß der angenehmen Dinge, die Sie über den Tag empfinden, auf der anderen Seite der Waage ein. Schreiben Sie auch hier den Wert dazu.

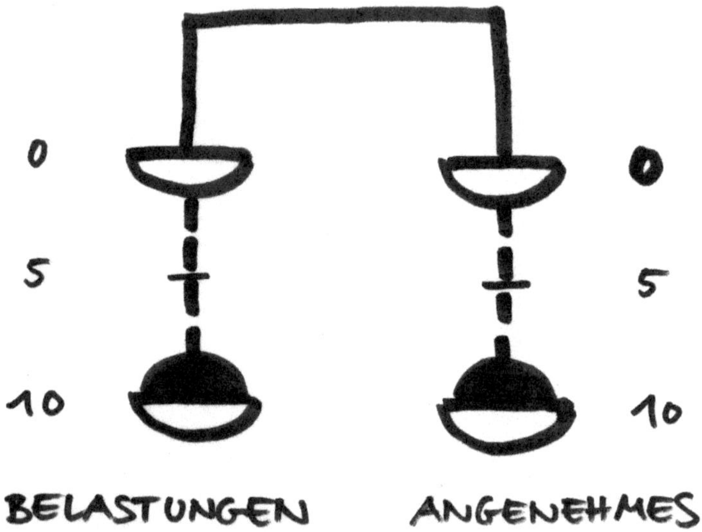

Nun haben Sie die momentane Position Ihrer zwei Waagschalen vor sich und können selbst einschätzen, ob Sie gerade einen besonders guten oder schlechten Tag hatten oder ob dies eher Ihren normalen Zustand wiedergibt. Wie war die Gewichtung vor einem halben Jahr?

Angenehme Seite:

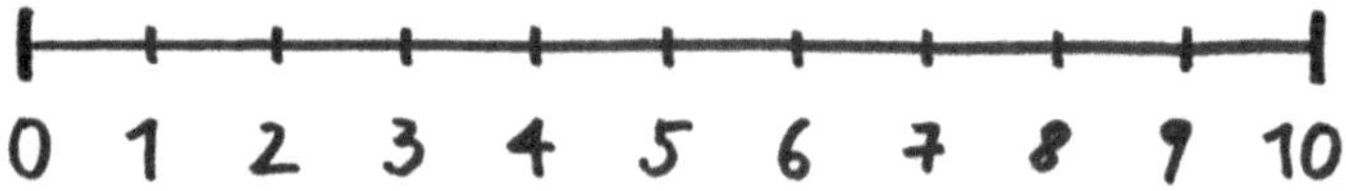

Unangenehme Seite:

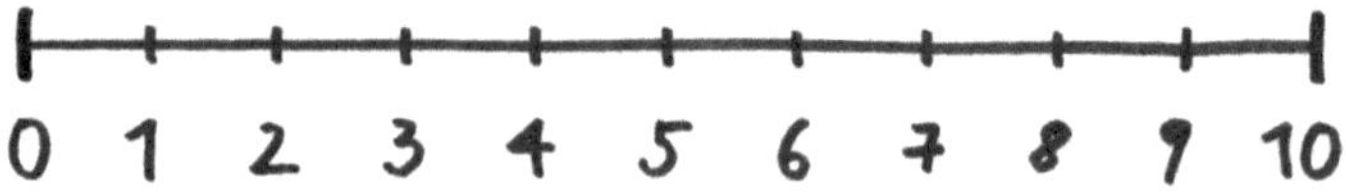

Wie wird sich das Gewicht in einem halben Jahr verteilen, wenn Sie genauso weitermachen wie bisher?

Angenehme Seite:

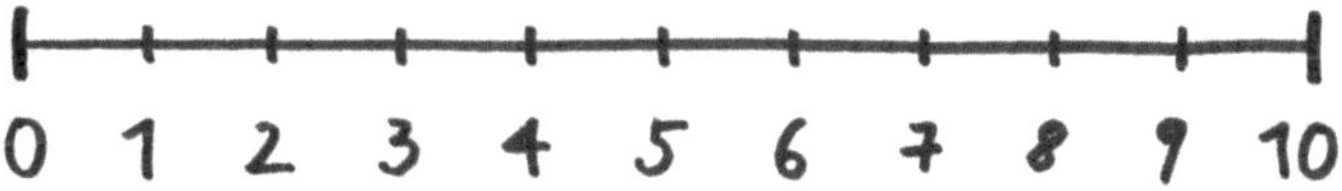

Unangenehme Seite:

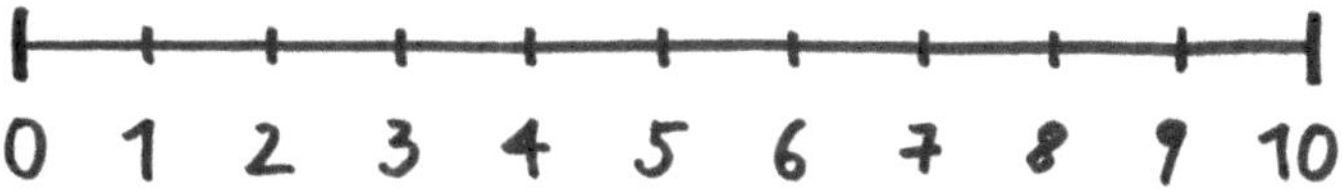

Sie können anhand der Gewichtung Ihrer Waagschalen ganz klar erkennen, ob sich Ihr Leben anstrengend und belastend anfühlt oder angenehm und schwungvoll. Was hat mehr Gewicht?

Wie Sie das Glücksgesetz der Waage am besten vernachlässigen

Die Belastung in eine Richtung sollte nicht mit einem Gegengewicht ausbalanciert werden. Also packen Sie alles hinein in nur eine Waagschale – natürlich in die der Herausforderungen, Pflichten und Anstrengungen. Vergessen Sie den Ausgleich!

Das Gesetz für Burnout lautet bezogen auf die Waage:

Leben und belasten Sie sich einseitig!

Wenn wir uns einmal umschauen, dann sehen wir, dass ein Lebensstil mit Balance und Selbstpflege eher eine Rarität ist. Kein Lehrstoff in unserer Schule und Ausbildung beschäftigt sich damit. Später im Arbeitsleben werden wir ebenfalls nie dazu angeregt, auf uns zu achten, uns selbst gut zu pflegen und wertzuschätzen, innere Kraft und Fähigkeiten aufzubauen, um auch für Stresszeiten und persönliche wie berufliche Krisen gewappnet zu sein. Das ist für eine Burnout-Dynamik sehr günstig!

Irgendwie haben wir das Talent, uns selbst und unsere Umwelt aus dem Gleichgewicht zu bringen. Obwohl Dysbalance anstrengend und unbefriedigend ist, können wir sie fast überall antreffen. Damit wir die entstandene Unausgewogenheit wieder ausgleichen können, stehen uns rund um die Uhr und leicht zugänglich verschiedenste pharmazeutische, alkoholische oder zuckerhaltige „Hilfsgüter“ zur Verfügung. Sie produzieren in uns für eine kurze Zeit ein wohliges und zufriedenes Gefühl und blenden die Belastungen aus – je nach Dosierung.

Wir befinden uns in einem schon fast als paradiesisch zu bezeichnenden Milieu für Burnout und haben dabei vollen gesellschaftlichen Rückenwind. Besonders effektive Methoden zur einseitigen Gewichtung der Belastungsseite, die ein Burnout fördern, sind:

Arbeit und Verpflichtungen

Geben Sie Ihrer Arbeit und Ihren Verpflichtungen immer den Vorrang. Es gibt bestimmt auch jetzt gerade etwas Wichtiges zu erledigen. Fühlen Sie sich anderen Menschen gegenüber stets mehr verpflichtet als sich selbst und stellen Sie Ihre eigenen Bedürfnisse hinten an. Frönen Sie also weder Ihren Träumen noch Ihren Wünschen und setzen Sie sie schon gar nicht um.

Hohe Anforderungen und Leistungsbezogenheit

Geben Sie sich nie mit weniger als 150 Prozent Ihrer Leistungsmöglichkeit und Ihres Qualitätsanspruchs an sich selbst und andere zufrieden. Fordern Sie sich und lassen Sie auch Ihr Umfeld nicht in Ruhe. Selbst Krankheit ist kein wirklicher Grund, schlapp zu machen und sich aufs Sofa fallen zu lassen.

Schlechter Schlaf, keine Ruhe oder Entspannung
Entspannt, ausgeschlafen und ausgeglichen sein: Wird alles überbewertet! Ausruhen können Sie sich, wenn Sie alt sind!

Keine Freude, Freunde oder Hobbys
Das alles hält wirklich nur unnötig vom Arbeiten und den vielen Pflichten ab und kann eigentlich auch warten. Außer natürlich Sie machen aus Ihren Hobbys einen Leistungssport, das wäre dann ganz im Sinne einer einseitigen Gewichtung und sehr förderlich für ein Burnout.

Begeisterung und Motivation weichen Hektik und Getriebensein
Es waren einmal Begeisterung und Motivation, bis dann der Alltag und die Realität dafür sorgten, dass nur noch Alltagsbewältigung, Verspannung im Nacken und ein gereizter Ton übrig blieben. Begeisterung und Motivation verdampften bei diesen Höchsttemperaturen. Die Menschen schubsten sich gegenseitig herum und wurden blass und schlapp, waren aber schon mit kleinen Aufmunterungen, wie neuen technischen Geräten und Spielereien, zufriedenzustellen. Kaufen, sich ablenken, konsumieren und kommentieren funktionierten grandios unter einer allgegenwärtigen Berieselung. Es gab nur eine einzige Bedingung, die unbedingt eingehalten werden musste: in Stille und allein zu sein, sich zu spüren oder nachzudenken, musste vermieden werden. Aber das war sehr einfach. Es klingelte und piepste immer irgendwo irgendetwas.

Ich habe keine Probleme!
Auf alte Sorgen und Belastungen stapeln sich immer mehr neue Probleme und das Gewicht nimmt ständig zu auf der einen Seite der Waage. Aber doch nur bei anderen! Am besten verhalten Sie sich in einem solchen Falle einfach stur, verschließen die Augen

und glauben ganz fest daran, dass sich dann auch die Probleme, die es ja ohnehin nie gab, in Luft auflösen oder andere sich ihrer annehmen werden. Und unter dem Teppich ist sicherlich auch noch genügend Platz.

Investitionen vermeiden

Investieren Sie auf keinen Fall in sich selbst oder Ihre Kompetenzen als Mensch! Vermeiden Sie Seminare, in denen es um Persönlichkeitsentfaltung geht, oder Erlebnisse, mit denen Sie sich einfach etwas Gutes tun könnten.

Womit bringen Sie Ihre Waage ins Ungleichgewicht?	....

Was müssten Sie tun, um sie noch einseitiger zu belasten?	....

FAZIT

Die Waage steht für Ihre Balance und Ausgeglichenheit zwischen den förderlichen und angenehmen Dingen des Lebens auf der einen Seite und den belastenden und unangenehmen auf der anderen Seite. Natürlich können wir uns nie vor Schwierigkeiten und vor Problemen schützen, dazu ist das Leben viel zu spontan. Außerdem entstehen Weiterentwicklung und Wachstum dank neuer Herausforderungen und Veränderungen. Das ist ein Teil unserer menschlichen Natur. Also wippen wir eigentlich die meiste Zeit – wenn wir nicht stagnieren (wollen) – zwischen Herausforderung und Gewohnheit auf und ab.

Welche Gewichtung geben Sie, im wahrsten Sinne des Wortes, den verschiedenen Aspekten Ihres Lebens: Ihren Bedürfnissen, Werten und Interessen? Bringt es Ihre Lebenswaage in eine Schieflage, wo die Belastungen schwergewichtig am Hebel sitzen? Im Fall von Burnout ein Muss! Wollen Sie sich wirksam und sicher in Richtung Burnout bewegen, lautet das Prinzip ganz klar: Leben und belasten Sie sich einseitig!

2.4 DAS GESETZ VOM STRESSFASS

Nachdem Sie gelernt haben, wie Sie sich und Ihr Leben ordentlich aus der Balance bringen können, schauen wir uns nun an, wie die drei Glücksgesetze von der Lebensenergie, vom Pendel und der Waage auf wunderbare Weise mit unserem nächsten Glücksgesetz zusammenwirken.

Auf den ersten Blick kommt das Stressfass vielleicht nur wenig charmant daher, aber: Es hat einiges zu bieten! Die drei bereits vorgestellten Glücksgesetze wirken äußerst effektiv in dieses Gesetz hinein.

Wir besitzen und spüren es jeden Tag, ohne von ihm konkret zu wissen. Sie können bald erkennen, wie sehr sich das Stressfass auf all Ihre Lebensbereiche auswirkt und wie es in die verschiedenen Aspekte wie Gesundheit, Lebensfreude und Schaffenskraft massiv eingreift. Jeder hat ein Stressfass, auch Sie, selbst wenn Sie ganz entspannt sind.

Das Stressfass steht für Ihre persönliche Kapazität, mit Belastungen, also Stress, umzugehen. Und wie das so ist mit Fässern: Sie können sich füllen! Mit Stress in diesem Fall.

Das Glücksgesetz vom Stressfass hat ein einfaches Grundprinzip:

4. GLÜCKSGESETZ

Was hineinkommt an Stress, muss auch wieder hinaus.

Sie ahnen wahrscheinlich schon jetzt, dass sich diese Gleichung sehr förderlich auf eine Burnout-Dynamik auswirken kann, wenn sie nicht so richtig aufgeht.

Jeder empfindet Stress unterschiedlich stark und hat ein individuelles Vermögen, damit umzugehen. Menschen mit einer hohen Empfindsamkeit oder sehr starken psychischen Belastungen sind oft schneller an ihrer Grenze angelangt als andere.

Das Stressfass ist ein sehr anschauliches und praktisches Modell, wie ich finde, um das schwer greifbare Ausmaß von Belastungen und Spannungszuständen sowie seine Wirkungen auf uns sichtbar und damit verständlicher zu machen. Kennengelernt habe ich das Stressfass kurz nach meinem Zusammenbruch in der Klinik und es hat mir sehr die Augen geöffnet. Was und wie viel ich angesammelt hatte, konnte ich plötzlich übersichtlich vor mir sehen, und es erklärte mir später auch, wie ich in den Zusammenbruch gekommen war und warum ich mich lange Zeit nicht besser fühlte.

Ich hatte die Glücksgesetze sehr ausgiebig missachtet und mein Stressfass damit mehr als überlastet. Heute nutze ich es sehr erfolgreich bei meinen Klienten. Sie berichten mir, dass das Stressfass ihnen hilft, klarer zu erkennen, wo es klemmt und was der nächste Schritt für sie ist.

Das Stressfass funktioniert genauso wie unsere Nahrungsaufnahme. Wir nehmen Nahrung auf, dann wird sie verdaut und danach gehen wir auf die Toilette und scheiden das aus, was nicht gebraucht wird. Drei essenzielle Vorgänge – fehlt einer, wird es unangenehm. Was hereinkommt, muss auch wieder hinaus, nachdem es verdaut und verwertet wurde. Kennen Sie das Gefühl, wenn Sie ein paar Tage Verstopfung haben und zwar auf die Toilette gehen können, aber es tut sich nichts? Das fühlt sich gar nicht gut an. Der Bauch kneift unter einem unangenehmen Völlegefühl. Mit unserer Psyche ist es genauso.

Das Stressfass wird ständig von kleineren bis größeren Dingen befüllt. Wir nehmen den ganzen Tag bewusst und unbewusst Reize und Informationen in uns auf und viele von uns stehen zusätzlich noch unter einem hohen Leistungs- und Zeitdruck. Wir verdauen Etliches, aber unter hohen Anforderungen und in stressigen Zeiten oder bei traumatischen Erfahrungen stapeln sich schon mal die Pakete. Das ist kein Problem, solange man danach wieder gezielt Raum für Entspannung, Verdauung und Stressabbau schafft.

WIE VOLL IST MEIN STRESSFASS?

Damit Sie ein Gefühl für Ihr Stressfass bekommen, werde ich Ihnen vier verschiedene Zustände vorstellen, in denen das Stressfass unterschiedlich hoch gefüllt ist. Bei jeder Füllhöhe entstehen andere Befindlichkeiten und ein anderes Lebensgefühl – daran werden Sie erkennen, wo Sie stehen. Am Ende können Sie Ihre persönliche Füllhöhe in eine Abbildung eintragen. Sie führt Ihnen vor Augen, wie hoch Ihre Stressbelastung ist.

Der herrlich entspannte Zustand bei 25 Prozent

Wenn Sie zu diesen seltenen glücklichen und unbefangenen Menschen gehören, die nur ein Viertel Ihres Stressfasses ausnutzen, dann verfügen Sie über viel Luft nach oben. Für ein Burnout müssten Sie sich schon sehr ins Zeug legen – mehr als die meisten von uns, die schon fleißig aufgefüllt haben.

Bei 25 Prozent haben Sie ein sehr entspanntes und fröhliches Lebensgefühl. Sie haben viel Raum in Form einer emotionalen Komfortzone, weil Sie nicht von Sorgen, Ängsten und Anforderungen erdrückt werden, und bewegen sich sehr frei und unbeschwert. Das Leben macht Ihnen richtig Spaß. Sie haben sehr viel Lebensenergie, Ihr Akku ist also voll leistungsfähig. Für Sie ist Erschöpfung ein Fremdwort. Ihr Pendel der An- und Entspannung schwingt sehr ausgewogen und in Ihrer Waagschale häufen sich die guten Dinge des Lebens und fallen viel mehr ins Gewicht als die belastenden.

Der mittlere Zustand bei 50 Prozent

Bei 50 Prozent haben Sie noch einiges an Luft nach oben. Nicht mehr so viel wie bei 25 Prozent, aber es lebt sich noch recht unbeschwert. Ab und zu bemerken Sie gewisse Altlasten im Stressfass, denn Sie haben ja schon ein paar Jahre auf diesem Planeten zugebracht und Dinge erlebt, die schmerzhaft und belastend waren und noch nicht vollständig verheilt sind. Diese Reste lagern dann in den tieferen Schichten des Stressfasses.

Sie sind mit Ihrer Lebensenergie leistungsfähig, aber nicht sprühend. Ihr Akku ist gut gefüllt. Das Pendel von Anspannung und Entspannung schwingt meist ausgewogen und nur ab und zu etwas mehr in Richtung Anspannung, was gesundheitlich noch nicht bedenklich ist. Ihre Waagschalen halten sich im Gleichgewicht. Sie haben Freude am Leben, es geht Ihnen gut und Sie unternehmen gern etwas.

Der angespannte Zustand bei 75 Prozent

Jetzt wird es interessant für ein Burnout! Ab 75 Prozent werden Sie merken, dass die Anspannung nicht mehr so leicht verschwindet oder sich abbaut. Sie spüren, dass nach oben weniger Luft ist, und so kommen Anforderungen, Stress und Sorgen näher an Sie heran. Es fühlt sich nicht mehr so frei und unbeschwert an. Das Leben ist hier ernster und mehr von Problemen und Verpflichtungen erfüllt.

Ihr Akku war schon mal voller und Sie wissen, dass es nicht unbegrenzt so weitergeht. Es schleichen sich Müdigkeit und eine gewisse Lustlosigkeit ein. Auszugehen und andere Menschen zu treffen, ist nicht unbedingt ein brennendes Bedürfnis. Sie fangen an, der Erholung hinterherzurennen, und werden auch öfter ungehalten, wenn etwas nicht so klappt, wie Sie es sich vorstellen. Auch Schlafprobleme, häufigere Infekte, Schmerzen und Verspannungen können in diesem Bereich anfangen.

Das Pendel der An- und Entspannung ist zwar noch in Bewegung, aber nicht mehr in ausgewogener Form. Es hält sich vorwiegend auf der Anspannungsseite auf. Bei der Waage wird es auch zunehmend einseitig: Sie kippt immer mehr in Richtung Belastung. Die angenehmen Dinge werden seltener erlebt und die belastenden stärker wahrgenommen.

Der bedrohliche Zustand bei 95 Prozent

Kurz vor dem Zusammenbruch – bei 95 Prozent – liegen Ihre Nerven blank. Sie rennen jetzt der Erholung hinterher, ohne Sie einzuholen. Sie schleppen sich überfordert durch den Tag und haben schon lange keine Lust mehr dazu. Sie sind gereizt und balancieren immer kurz vor der Grenze Ihrer letzten Kräfte. Ihre Belastbarkeit geht gegen null. Psychisch gesehen fühlt es sich sehr instabil und bedrohlich an. Hilflosigkeit und Resignation haben sich großzügig in Ihrem Gemüt ausgebreitet.

Ihr Akku ist so gut wie leer. Sie versuchen, sich irgendwie über Wasser zu halten. Das Pendel ist schon lange auf der Anspannungsseite eingefroren und in der Waagschale sitzen dick und schwer all die aufgestauten Belastungen am längeren Hebel und erzeugen ein gravierendes Ungleichgewicht.

Nachdem Sie diese Beschreibungen gelesen und sicher ein Gefühl für Ihren Zustand bekommen haben, zeichnen Sie bitte die Füllhöhe Ihres Stressfasses in die Abbildung ein und schreiben Sie die Prozentzahl dazu. Sie kann auch zwischen zwei Abschnitten liegen. Sehr wichtig ist allerdings, dass Sie nach Ihrem Gefühl urteilen und nicht danach, was Ihr Verstand Sie glauben lässt. Denn Stress ist immer, genauso wie Entspannung, zuallererst ein Gefühl und das Stressfass ist ein Abbild davon.

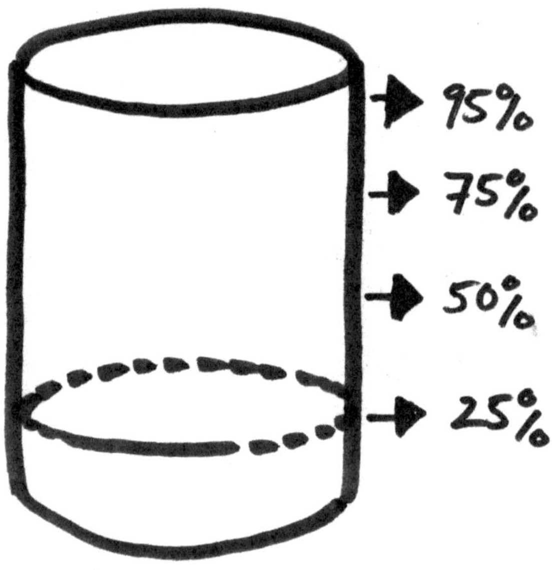

Wie Sie das Glücksgesetz vom Stressfass am besten vernachlässigen

Eine Burnout-Entwicklung ist immer an ein Stressfass gekoppelt, das überläuft oder explodiert. Es wird immer voller mit den zunehmenden, sich aufeinanderstapelnden Belastungen, die keinen Weg nach draußen finden, also nicht abfließen können. Die Spannung steigt dann ins Unerträgliche. Stapeln kann sich Stress sehr gut und ganz ohne Hilfe von alleine. Dafür brauchen wir nur wegschauen und uns einfach weiter abstrampeln und ihn bloß nicht unnötig mit Entspannungsübungen behelligen.

Das Gesetz für Burnout lautet bezogen auf das Stressfass:

Was hineinkommt an Stress, sollte auch drinnen bleiben!

Um das Stressfass schnell und nachhaltig zu füllen, braucht es dieselben zu verstärkenden oder zu unterlassenden Handlungen wie bei den vorangegangenen Glücksgesetzen. Nehmen Sie also Ihre frisch erworbenen Gesetzeskenntnisse zur Hand und schlagen Sie damit ordentlich über die Stränge! Besonders effektiv füllen Sie Ihr Stressfass, indem Sie den Bogen mit beruflichen und privaten Aktivitäten, sportlichen Höchstleistungen und zu viel Bildschirm-Input überspannen und dabei stetig Ihren AKKU leeren, ohne aufzutanken. Schlafen und erholen Sie sich zu wenig und essen Sie nährstoffarme Lebensmittel. Rennen Sie durch den Tag!

Gezielter Stressabbau, wie angemessene Bewegung und spezielle Körper-Geist-Methoden, lösen nur unnötig die „Stressverstopfung“ und sollten vermieden werden. Schwingen Sie möglichst einseitig mit dem PENDEL in Richtung Anstrengung und Anspannung. Alles, was Ihren Körper und Ihre Psyche unter Druck und in Alarmbereitschaft versetzt, passt wunderbar hierher. Das häufige Anschauen der Nachrichten und all die unzähligen Krimis unterstützen Sie hierbei wunderbar.

Befüllen Sie Ihre WAAGSCHALE einseitig auf der Belastungsseite mit Pflichten, Sorgen, Streit, Ängsten und Anstrengung. Setzen Sie so hohe Maßstäbe an sich selbst, dass Sie immer unter Leistungs- und Zeitdruck stehen.

Womit füllt sich Ihr Stressfass?	....
Was müssten Sie tun, um es noch mehr zu füllen?	....
Was verhindert bei Ihnen das Abfließen von Stress und Anspannung?	....

Wo befindet sich Ihr Stresspegel A: in sechs Monaten und B: in einem Jahr, wenn Sie genauso weitermachen wie bisher? Zeichnen Sie bitte diese zwei Pegel wieder nach Ihrem Gefühl spontan ins Stressfass ein und schreiben Sie jeweils die Buchstaben A und B und die dazugehörigen Zeitpunkte mit dazu. Das hilft Ihnen, neben Ihrem momentanen Stesslevel auch noch eine Tendenz beziehungsweise Ihren Stresstrend abzulesen.

FAZIT

Das Stressfass veranschaulicht Ihre persönliche Kapazität, mit Stress und Belastungen umzugehen. Das Grundprinzip des Glücksgesetzes vom Stressfass lautet: Was hineinkommt an Stress, muss auch wieder hinaus. Um sicher auf ein Burnout zuzusteuern, muss es natürlich heißen: Was hineinkommt an Stress, muss auch drinnen bleiben!

Die bisherigen Kapitel zu den ersten drei Glücksgesetzen haben Sie mit zahlreichen Anregungen ausgestattet und Sie somit hochqualifiziert, die Glücksgesetze gründlich zu strapazieren und das Stressfass dadurch so richtig zum Überlaufen zu bringen.

Sie können in Ihr Stressfass jederzeit wieder eintragen, wo genau Ihr aktueller Stresspegel sich befindet und wo Sie sich in sechs Monaten oder in einem Jahr befinden werden, wenn Sie genauso weitermachen wie bisher.

2.5 DAS GESETZ DER LEBENSSPIRALE

Bei dem nun folgenden letzten unserer Glücksgesetze schauen wir uns die zusammenfassende Wirkung aller vorangegangenen Gesetze auf Ihre Lebensqualität an. Sie kennen wahrscheinlich die Glücksspirale: Man kann 7.500 Euro monatlich, ein Leben lang, gewinnen. Dafür braucht man aber auch sehr viel Glück. Die Lebensspirale, die wir nun unter die Lupe nehmen, kann ebenfalls zu einer Glücksspirale werden – oder zu einer Burnout-Spirale. Sie haben großen Einfluss darauf, in welche Richtung es geht.

Das Glücksgesetz der Lebensspirale hat ein ganz einfaches Grundprinzip:

5. GLÜCKSGESETZ

Sie können sich nach oben oder nach unten schrauben in Ihrer Lebensqualität.

Das ist ganz davon abhängig, ob Sie gesunde und förderliche Kreisläufe und damit Kettenreaktionen in Gang setzen oder schädigende. In welche Richtung sich Ihre Lebensspirale dreht und ob dies angenehme oder unangenehme Folgen für Sie hat, hängt von ganz verschiedenen Faktoren ab. Es gibt Faktoren, auf die wir wenig oder gar keinen Einfluss haben, und andere, die wir sehr gut kontrollieren können. Und natürlich spielen unsere liebgewonnenen Angewohnheiten, persönlichen Prägungen und unsere Lebenseinstellung eine große Rolle dabei.

Die Lebensspirale zeigt das Ausmaß Ihrer Lebensqualität, Lebensfreude und Vitalität an. Sie ist somit ein direktes Resultat Ihrer Denk- und Handlungsmuster und Ihres Lebensstils.

Natürlich kann uns Menschen jederzeit alles treffen – im Guten wie im Schmerzhaften. Wir können krank werden, einen Unfall haben, eine geliebte Person verlieren oder aber beruflich aufsteigen, eine große Erbschaft machen oder von einer schweren Krankheit geheilt werden. All das hinterlässt seinen Abdruck in unserer Lebensqualität, in unserer Spirale des Lebens. Auch große Sprünge nach oben oder unten sind möglich.

Während meiner eigenen gesundheitlichen Krise und der Arbeit mit meinen Klienten habe ich gemerkt, dass in schweren Zeiten die alltäglichen Angewohnheiten, zahlreiche alte emotionale Muster und Überlebensstrategien besonders deutlich zutage treten und das Geschehen entweder noch weiter verschlimmern und für eine anhaltende Abwärtsspirale sorgen oder einen Ausweg und damit eine Aufwärtsspirale erzeugen.

Die Lebensspirale habe ich zum Leben erweckt, um in einem Modell unsere Lebensqualität ganz klar zu verdeutlichen und anschaulich zu machen, da sie wie alle Befindlichkeiten schwer zu greifen ist und sich oft verändert – genau wie unsere Stimmungslage.

Sie ist ein Zufriedenheitsmesser, eine Art Stimmungsbarometer Ihres Lebens, denn sie zeigt an, wie gut es Ihnen geht und in welchen Umständen Sie sich befinden. Sie veranschaulicht, ob Sie gesund sind – körperlich, geistig und emotional – und ob Sie zufrieden sind mit Ihrem Leben, Ihren Beziehungen und ob Sie sich erfolgreich fühlen – beruflich und privat.

Für Burnout ist das untere Ende der Lebensspirale natürlich der Platz an der Sonne. Schnell und sicher auf ein Burnout zuzusteuern, heißt, sich konsequent in die Abwärtsbewegung zu begeben. Denn die Burnout-Spirale ist der zunehmende Verlust an Gesundheit, Kraft und Lebensqualität.

Ihre „Glücksspirale“ funktioniert sehr einfach. Sie füttern Sie mit Kreisläufen! Dazu ein Beispiel: Nehmen Sie an, Sie gehen abends sehr spät und mit vielen Gedanken und Eindrücken im Gehirn ins Bett. Sie werden dann schlecht einschlafen und eine unruhige Nacht haben. Am nächsten Morgen fühlen Sie sich zerschlagen und müde. Auf der Fahrt zur Arbeit schneidet Sie jemand etwas frech und Sie regen sich darüber sehr auf. Sie kommen im Stressmodus und mit erhöhtem Reizfaktor bei Ihren Kollegen an und natürlich gibt es Dinge, die nicht so laufen wie gewünscht. Sie reagieren ungeduldig, verprellen vielleicht noch einen wichtigen Kunden, sind unkonzentriert, schaffen nicht das, was Sie wollten, und ersehnen eigentlich nur eines: Ihr Bett. Hastig essen Sie Dinge, die nichts taugen, und versorgen sich mit viel Kaffee, um munter zu bleiben. Das bringt zusätzlich Aufregung in den Körper. Den Stress und Druck, der von außen kommt, empfinden Sie stärker und er lässt Sie hektisch werden. So geht das den ganzen Tag. Es macht keinen Spaß. Abends ist die innere Anspannung noch so groß, dass Sie nicht gut abschalten können – trotz Müdigkeit. Sie schauen deshalb fern, werden dabei wieder munterer und verpassen den richtigen Moment, schlafen zu gehen. Vielleicht trinken Sie auch Alkohol, um sich zu entspannen. Das hilft zwar etwas beim Einschlafen, sorgt aber später wiederum für einen unruhigen Schlaf, wenn der Alkohol abgebaut wird. Sie gehen, noch mit Spannung aufgeladen, wieder zu spät ins Bett und stehen am nächsten Morgen erneut müde auf und das Szenario wiederholt sich. Aus einzelnen Handlungen entstehen Kreisläufe.

Aus Kreisläufen entsteht immer eine Spiralbewegung.

Hält ein solcher Kreislauf eine Weile an, schrauben Sie sich in der Spirale Ihrer Lebensqualität und Gesundheit nach unten. Das nennt man dann die Abwärts- oder Burnout-Spirale. Wird ein Kreislauf oder eine Kettenreaktion unterbrochen, dann stoppt die Spiralbewegung zunächst und wird sich nach oben bewegen, wenn sie mit entsprechend günstigen Bedingungen und Handlungen gefüttert wird.

Unsere Lebensqualität ist etwas, was wir jeden Tag spüren. Wir können ihr nicht entkommen, selbst wenn wir uns ablenken und betäuben. Wir wissen ganz genau, ob es uns wirklich gut geht oder nicht.

Für unsere Lebensqualität zählen am stärksten die Dinge, die ständig wiederholt werden und damit langfristig wirken und die Kreisläufe in Schwung halten. Kommt ein unerwartetes positives oder negatives Ereignis hinzu, wird sich dies natürlich auswirken und unsere momentane Lebenslage positiv oder negativ verstärken.

Manchmal bewirkt ein positiver Schub sogar einen dauerhaften Quantensprung in unserer Lebensqualität nach oben. Sind die bisher gepflegten Kreisläufe jedoch stark und gegenläufig zur positiven Entwicklung, dann landen wir sehr schnell wieder auf dem vorherigen gewohnten Niveau – weil die kultivierten Handlungen und Angewohnheiten es nicht anders zulassen.

Die meisten Kreisläufe laufen aus Gewohnheit und aufgrund von Bedürfnissen ab, die uns meist gar nicht bewusst sind. Dadurch können Langzeiteffekte entstehen, die wir nicht beabsichtigen. Wir können dadurch an Orte in unserem Leben gelangen, zu denen wir nie hinwollten – zu einer Arbeit, die wir eigentlich nicht mögen, in eine stagnierende Beziehung oder in einen Körper, der fülliger ist, als wir ihn uns wünschen. Abenteuer kennen wir nur noch aus dem Fernsehen oder aus den Facebook-Posts anderer Leute.

„Das ist halt so!", sagen viele. Ja, das ist so, wenn die Kreisläufe und die vielen kleinen Dinge, mit denen wir sie täglich befeuern und in die nächste Runde schicken, nicht bemerkt werden.

Einfach wie immer unseren Angewohnheiten zu folgen, aber dabei andere und bessere Ergebnisse – also eine Aufwärtsspirale – zu erwarten oder die Konsequenzen sogar ganz aus den Augen zu verlieren, kann sehr schmerzhaft werden, wenn viele Wünsche und Bedürfnisse auf Dauer ein Schattendasein führen und unerfüllt bleiben.

WIE STEHT ES UM MEINE LEBENSSPIRALE?

Welche Angewohnheiten pflegen Sie und womit beschäftigen Sie sich am meisten geistig und emotional?

Genau das wird Ihnen die Art und Höhe Ihrer Lebensqualität widerspiegeln. Ihre Lebensspirale kann sich in zwei Richtungen schrauben: Nach oben wird sie zu einer Glücksspirale und nach unten wird sie zur Burnout-Spirale.

Natürlich führen alle Glücksgesetze, wenn sie nicht vernachlässigt oder missachtet werden, nach oben. Dann landen Sie bei „La dolce vita" und fühlen sich in Ihrer Mitte oder einfach mopsfidel. Dementsprechend führen die Glücksgesetze Sie nach unten, wenn Sie sie aushebeln und damit gegen sich wenden.

Schauen Sie sich nun Ihre Lebensspirale genauer an. Oben sind die angenehmen und schönen Dinge des Lebens anzutreffen. Unten schlägt man sich eher mit dem Leben herum und erlebt auf belastende und schmerzhafte Weise sehr wenig Lebensqualität. Auf einer Skala von 0 bis 10 bedeutet 0 keine Lebensqualität oder Lebensfreude – also zum Beispiel ein Burnout oder eine andere schwere Krise. Hier ist die Lebenslust gleich null und sämtliche Wünsche und Bedürfnisse bleiben unerfüllt. 10 hingegen steht für maximalen Lebensgenuss und Lebensfreude, wenn Ihre Lebensqualität also richtig sprudelnd auf der Höhe ist. Hier erleben Sie viele Glücksgefühle und fühlen sich vital, erfüllt und ganz in Ihrem Element.

Erinnern Sie sich nun bitte an einen Moment, ein Erlebnis oder eine Zeit, in der Sie sich absolut glücklich, erfüllt und in Ihrer Kraft fühlten. Das ist der Anhaltspunkt für den maximalen Glückswert 10 in Ihrer persönlichen Lebensspirale.

Setzen Sie ein Kreuz an derjenigen Stelle der Skala zwischen 0 und 10, wo Sie momentan Ihrem Gefühl nach stehen – in Bezug auf Ihren maximalen Wert an Lebensqualität! Schreiben Sie Ihren Wert mit der aktuellen Jahreszahl dazu.

Ergänzen Sie zusätzlich bitte die Werte, die sich bei der Beantwortung der folgenden Fragen ergeben:

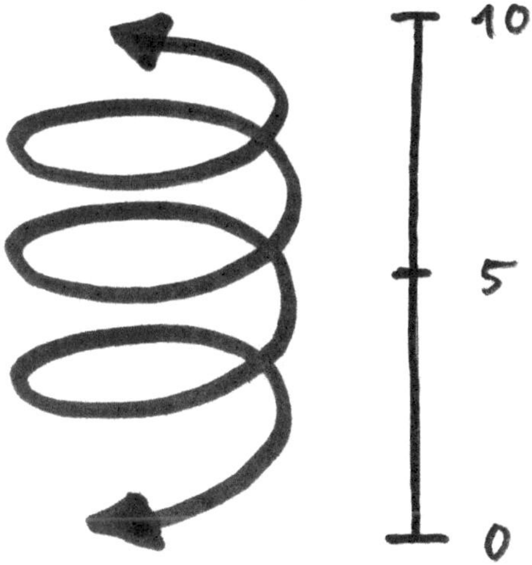

1. Wo standen Sie vor einem Jahr?
2. Wo werden Sie in einem Jahr stehen, wenn Sie genauso weitermachen wie bisher?
3. Wo werden Sie in zehn Jahren stehen, wenn Sie genauso weitermachen wie bisher?

Dank Ihrer Kreuze können Sie ganz klar erkennen, in welchem Bereich sich Ihre Lebensqualität bewegt – also ob sie hoch, mittel oder niedrig ist – und ob sich Ihre Lebensqualität im letzten Jahr nach oben oder nach unten bewegt hat und wohin sie sich zukünftig bewegen wird, wenn Sie so weiterleben wie bisher.

Wie Sie das Glücksgesetz der Lebensspirale am besten vernachlässigen

Sorgen Sie für Handlungen und Angewohnheiten, die immer wieder Kreisläufe nach unten produzieren.

Das Gesetz für Burnout lautet bezogen auf die Lebensspirale:

Schrauben Sie sich durch negative Kreisläufe
in Ihrer Lebensqualität nach unten!

Die effektiven Maßnahmen, die in den bisherigen Kapiteln beleuchtet wurden, bewirken vor allem eines: Dass die Lebensqualität nach und nach in den Keller sinkt, bis im Burnout dann gar nichts mehr geht. Wir ernten also mit der Entwicklungsrichtung unserer Lebensspirale das Resultat all dieser „Bemühungen" und einer Lebensweise, die die Glücksgesetze links liegen lässt. Wollen Sie also das Burnout fördern, dann füllen Sie Ihr STRESSFASS stetig auf, indem Sie Ihren AKKU fleißig leeren. Hindern Sie Ihr PENDEL daran, sich zwischen Anspannung und Entspannung hin- und herzubewegen, lassen Sie es stattdessen dauerhaft auf der Anspannungsseite. Beladen Sie Ihre WAAGE einseitig mit Ängsten, Sorgen, Problemen, perfektionistischen Ansprüchen und vielen Verpflichtungen bei ständiger Erreichbarkeit. Vermeiden Sie bei all dem, Ihr Stressfass mithilfe von gezielten Entspannungsmethoden, Ausgleich oder erholsamem Schlaf zu leeren! Das bremst nur unnötig die Abwärtsbewegung ab!

Wodurch schrauben Sie sich in Ihrer Lebensspirale nach unten?	....

Was müssten Sie tun, um sich in Ihrer Lebensspirale noch weiter abwärts zu bewegen?	....

FAZIT

Mit den vier bereits ausgehebelten Glücksgesetzen – dem Gesetz der Lebensenergie, dem Gesetz vom Pendel, dem Gesetz der Waage und dem Gesetz vom Stressfass – ernten Sie in Ihrer Lebensspirale die Resultate Ihres Handelns in Form einer kaum noch vorhandenen Lebensqualität. Ihre Lebensspirale verwandelt sich in eine Abwärts- oder Burnout-Spirale. Wer nur ausgiebig alle Glücksgesetze missachtet, wird sich zunehmend alt, krank, unglücklich und erschöpft fühlen. Schrauben Sie sich entsprechend dem Grundprinzip in Ihrer Lebensspirale nur stetig und konsequent nach unten, dann erreichen Sie zielsicher das Burnout.

2.6 ZUSAMMENFASSUNG

Ausgehend davon, dass Lebensglück oder -unglück, Vitalität oder Burnout unser Zutun und ein passendes Milieu benötigen, um wachsen und gedeihen zu können, haben wir, indem wir alle 5 Glücksgesetze missachteten, das Milieu in Richtung Burnout kippen lassen. Fassen wir nun einmal alle 5 Glücksgesetze in ihren negativen Kernaussagen zusammen und veranschaulichen, wie sie miteinander Hand in Hand gehen, erkennen wir, wie diese schnell und sicher zu einem Burnout führen können.

1. Das Gesetz der Lebensenergie: Verbrauchen Sie immer mehr Energie, als Sie wieder nachladen!
2. Das Gesetz vom Pendel: Schwingen Sie nur in Richtung Anspannung!
3. Das Gesetz der Waage: Belasten Sie sich einseitig!
4. Das Gesetz vom Stressfass: Was hineinkommt an Stress, sollte auch drinnen bleiben!
5. Das Gesetz der Lebensspirale: Schrauben Sie sich durch negative Kreisläufe in Ihrer Lebensqualität nach unten!

Missachten Sie die Glücksgesetze, werden Sie unweigerlich in Richtung Burnout steuern.

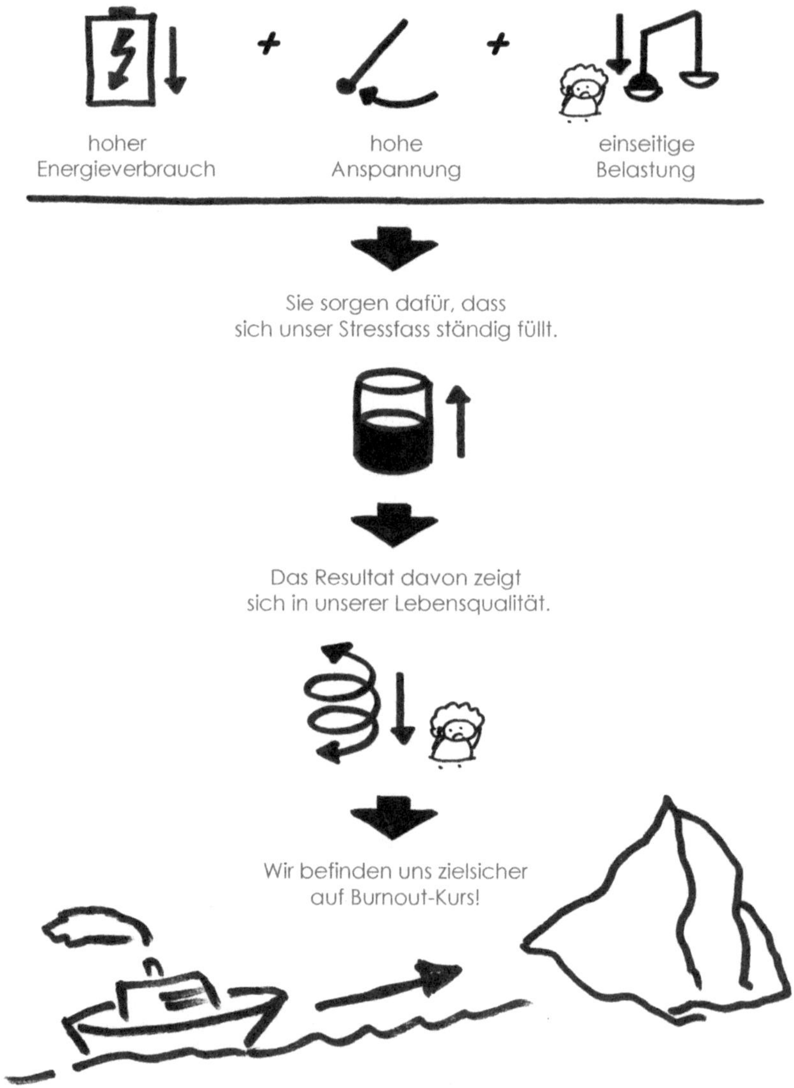

Die 10 Gebote helfen uns mit ihren inneren Antreibern eifrig dabei, dass wir die Glücksgesetze missachten und damit Kurs auf das Burnout nehmen, bei ihm verharren und es sogar beschleunigen. Es gibt drei Komponenten, die – in ihrem Zusammenspiel – uns ebenfalls stark dabei unterstützen, uns unbewusst auf Burnout-Kurs zu begeben und erst aufzuwachen, wenn es zu spät ist:

Nicht hinschauen, nichts spüren, nichts verändern

Wir können es auch so formulieren: Augen zu und durch! Lassen Sie sich selbst außer Acht und leben Sie auf Verschleiß. Das führt zu all den Resultaten, die wir bereits sehr gut kennen:

- mehr Druck und Stress, als wir vertragen
- zu wenig Schlaf, Ruhe, Entspannung und Ausgleich, weil es immer etwas Wichtigeres gibt
- ungesunder Lebensrhythmus
- keine Grenzen setzen und an der richtigen Stelle Nein sagen
- ständig aktiv und erreichbar sein für andere
- hohes Lebenstempo, um immer alles zu schaffen
- perfektionistische Ansprüche, um Anerkennung zu erhalten von anderen
- große Informationsfülle, zu viel Input
- zu intensiver Sport oder zu wenig Bewegung
- mangelhafte Vitalstoffversorgung, weil wir unsere Gesundheit nicht wichtig genug nehmen
- hohe körperliche, geistige und emotionale Belastung und Verausgabung über unsere Grenzen hinweg

Der Schlüssel zu unserer Lebensqualität liegt vor allem in der Beziehung zu uns selbst und darin, wie wir mit uns umgehen – viel weniger in den äußeren Umständen. Im Fall von Burnout heißt das:

1. Dass wir uns zu wenig kennen und überdies körperliche und emotionale Grenzen, Bedürfnisse und Rückmeldungen nicht wahrnehmen oder auch übergehen.
2. Dass wir uns selbst nicht genügend achten und wertschätzen und uns nicht auf gesunde Art an die erste Stelle setzen.
3. Dass wir uns nicht genügend pflegen und fördern, sondern es auf später verschieben oder darauf warten, dass andere das für uns tun und uns verwöhnen.

„Ich habe einfach nicht bemerkt, was mit mir los war, oder es schnell wieder verdrängt. Ich konnte mich nicht spüren."

Die oben aufgeführten Komponenten, die uns helfen, uns UNBEWUSST in Richtung Burnout zu bewegen, sind eine wichtige Grundlage für unsere Erfolgsformel für mehr Lebensglück, die wir im folgenden Kapitel umfassend kennenlernen werden. Die Glücksgesetze werden dann nämlich für uns arbeiten und uns in unserer Gesundheit, Kraft und Lebensqualität unterstützen.

Das Problem der Unbewusstheit über unser Handeln und die daraus folgenden Konsequenzen haben wir beleuchtet, sodass Sie nun genau wissen, wie Sie die 5 Glücksgesetze missachten und wie Sie am effektivsten und ganz konsequent in Richtung Burnout steuern.

Nun wenden wir uns endlich der Sonnenseite zu und machen uns auf in Richtung Lebensglück. Sind Sie bereit für den Kurswechsel?

3. Teil

Übungsteil: Die Erfolgsformel für mehr Gesundheit und Lebensglück – der Insight-Out-Prozess

Wir wollen uns auf den folgenden Seiten dieses Buchs der Erschaffung eines Glücksmilieus widmen, mit dem wir erfolgreich Kurs auf unser Lebensglück nehmen und diesen auch halten können.

Dabei helfen uns wiederum die 5 Glücksgesetze. Allerdings behandeln wir sie und uns selbst jetzt ganz anders, sodass wir Rückenwind haben werden auf unserem neuen Kurs.

Der Insight-Out-Prozess, den wir nun kennenlernen, ist die Erfolgsformel für mehr Lebensglück und sorgt dafür, dass wir dieses Mal die Glücksgesetze nicht missachten.

„Der Weg nach innen ist der Weg nach oben", war in einem Artikel über den positiven Einfluss von Meditation auf Stressabbau und Erfolg im Beruf zu lesen (Focus 19/2014). 23 Prozent der Deutschen fühlten sich 2014 schon „ziemlich oft ausgebrannt".

Das Motto, um unseren Glücksprozess in Gang zu setzen, ist dem sehr ähnlich: Der Weg nach innen ist der Weg in ein erfülltes und gesundes Leben.

Insight-Out-Prozess bedeutet, von innen nach außen zu leben, aus unserem Gespür, unserer Intuition und Einsicht heraus.

Das aus dem Englischen stammende Wort insight bedeutet Einsicht und wird fast genauso ausgesprochen wie das Wort inside, was für innen steht.

Out heißt außen und so bedeutet dieser Prozess: von innen aus unserer Einsicht und Wahrnehmung heraus nach außen leben.

Der Insight-Out-Prozess beinhaltet die drei wesentlichen Aspekte, mit deren Hilfe ich meine eigenen Probleme nach und nach lösen konnte, wie ein extrem volles Stressfass, überreizte

Nerven, sehr wenig Energie, geringe Belastbarkeit und depressive Verstimmungen. Jetzt helfe ich anderen Menschen dabei.

Ich habe ihn aus meiner 15-jährigen Erfahrung, nach verschiedenen Ausbildungen und in der Arbeit mit zahlreichen Klienten entwickelt.

Die drei Komponenten, die er enthält, sind die essenziellen Voraussetzungen einer gesunden und erfüllenden Persönlichkeitsentwicklung und können von jedem angewendet werden, der sein Leben, seine Gesundheit und Lebensqualität in die eigene Hand nehmen und das Verhältnis zu sich selbst und anderen Menschen verbessern möchte.

Beim Insight-Out-Prozess geht es um die Frage, in welchem Zustand Sie gerne leben wollen – und wohin Sie das langfristig führt auf Ihrer Lebensreise.

Schauen wir uns das gleich ganz bildlich an! Sie können dabei prüfen, in welchem Zustand Sie sich derzeit befinden, und zusätzlich überlegen, welche Zustandsqualität Sie am liebsten haben wollen.

Wir befinden uns in einer permanenten Wechselwirkung zwischen unserer Innen- und Außenwelt. Unser Gesamtbefinden spiegelt das wider.

Machen Sie bitte bei der nachstehenden Abbildung jeweils ein Kreuz zwischen 0 und 10 an die Stelle, die den Zustand A markiert, in dem Sie sich derzeit befinden, sowie an diejenige, in deren Zustand Sie B am liebsten wären.

Mithilfe des Insight-Out-Prozesses werden wir uns auf den nachfolgenden Seiten umfangreich damit beschäftigen, wie Sie von A nach B kommen – auf eine neue Art: nämlich von innen nach außen.

Offener Zustand

„Einflüsse und Anforderungen nehme ich wahr, aber sie dominieren mich nicht."

„Ich empfinde Freude und Handlungsspielraum und agiere mehr, als ich reagiere."

„Ich löse Probleme."

„Ich habe ein gesundes Selbstbewusstsein und drücke mich und meine Bedürfnisse aus."

In Ihrer Lebensspirale befinden Sie sich ganz oben.

Zusammengezogener Zustand

„Die Umstände und Einflüsse wirken erdrückend auf mich und sind dominant spürbar."

„Ich empfinde Kummer, Sorgen, Ängste und Druck."

„Ich reagiere nur auf sie, füge mich ein und habe keinen eigenen Spielraum."

„Ich fühle mich Schwierigkeiten hilflos ausgeliefert, bekomme kaum noch Luft."

In Ihrer Lebensspirale befinden Sie sich ganz unten.

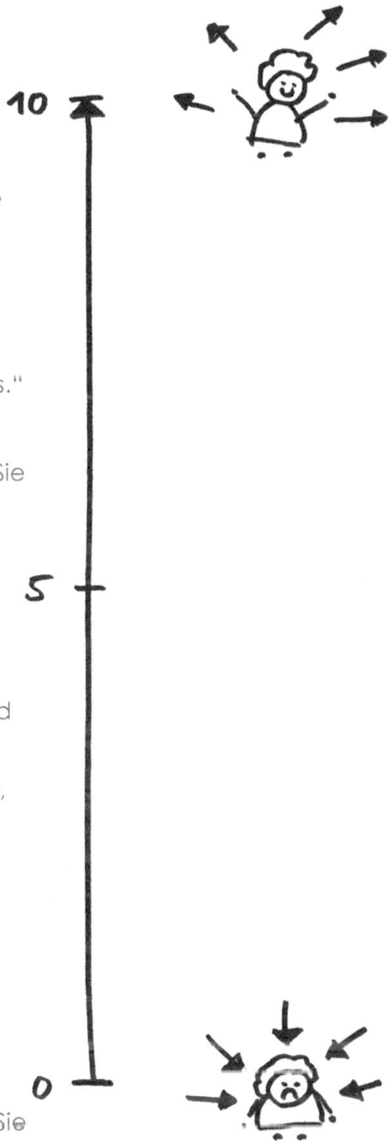

DIE ZWEI KRÄFTE, DIE UNSER LEBEN FORMEN

Sie kennen es ja: Von außen gelangen ständig sehr viele Informationen, Anforderungen, Verpflichtungen und Beeinflussungen an uns heran. Zusätzlich und in Reaktion darauf erleben wir unsere innere Welt, unsere Gedanken und Gefühle.

Wir befinden uns in einer permanenten Wechselwirkung zwischen innen und außen.

Menschen, Situationen, Gefühle, Gedankenströme, Umstände und Entwicklungen – immer ist irgendetwas und alles wird immer schneller. Wie sich das auf die Qualität unserer Gesundheit, Beziehungen, Schaffenskraft und Lebensfreude auswirken kann, wenn wir die Glücksgesetze missachten, haben wir bereits ausgiebig bis ins Burnout hinein besprochen. Wäre es jetzt nicht besonders sinnvoll, die Taktik zu wechseln und, anstatt immer noch mehr Gas zu geben oder angestrengt durchzuhalten, die Lösung an einer ganz anderen Stelle zu suchen, um nicht zusammenzubrechen?

Besonders in stressigen Zeiten kann man das Gefühl bekommen, kaum noch Spielraum zu haben zum Atmen und zum freien Handeln – also das Gefühl, einfach nicht mehr hinterherzukommen. Es kann erdrückend sein und alt, krank und unglücklich machen. Hinzu kommt, dass wir von klein auf daran gewöhnt und so erzogen worden sind, unsere Aufmerksamkeit immer nach außen zu richten, auch wenn die Lösung von Problemen oft ganz woanders liegt. Das erzeugt zwei Probleme, die unmittelbar mit unserem Lebensglück verbunden sind:

Erstens lässt die permanente Aufmerksamkeit und Beschäftigung mit den äußeren Umständen diese oft übergroß werden, weil wir nur noch mit ihnen beschäftigt sind, uns selbst aus den Augen verlieren und den gesunden Abstand und Ausgleich verlieren. Probleme werden dann mit noch mehr Anstrengung versucht zu bewältigen. Wir fühlen uns dann zunehmend unter

Druck und überfordert. Die Stress- und Burnoutspirale lässt grüßen.

Zweitens schwächen wir uns selbst damit, weil wir über diesen einseitigen Fokus komplett vergessen, dass es außer dem äußeren Ort noch einen inneren Ort gibt – einen, an dem wir alles Äußere aufnehmen, verarbeiten, empfinden und unsere Entscheidungen treffen, die unser Handeln steuern. Das ist unser Innenleben oder unsere innere Kraftzentrale, aus der wir die nötige Standfestigkeit, Energie und Gesundheit unserer Persönlichkeit beziehen, um mit genau diesen äußeren Umständen mehr als nur fertig zu werden, sondern um auch gesund und glücklich zu sein. Es ist der Ort, an dem wir uns selbst am nächsten sind, uns spüren und förderliche Entscheidungen für uns treffen können.

Resultat: Wenn wir nie „zu Hause" sind, weil wir ständig draußen auf Achse sind, dann gehen uns die wertvollsten Komponenten verloren, die darüber entscheiden, ob wir uns in Glücksgesetzen oder in Burnout-Gesetzen bewegen – ob wir gesund oder krank werden. Warum? Weil wir uns selbst dann viel zu wenig kennen, wahrnehmen und spüren können, um gesunde Entscheidungen zu treffen, die auf unser persönliches Maß zugeschnitten sind. Wir wissen ohne das innere Feedback nicht, was uns guttut und wann auch mal Schluss ist.

Der bewusste Zugang zu unserem inneren Ort – zu wissen, wie wir uns fühlen und was wir brauchen – prägt unser Leben viel stärker, als wir oft glauben (wollen). Unsere innere Kraftzentrale sitzt immer am längeren Hebel. Denn dort sitzen unsere persönlichen Wünsche und Bedürfnisse, unser Bewusstsein, unsere Gedanken, Beweggründe und Gefühle. Von dort aus steuern und entscheiden wir, was wir tun und was wir mit Aufmerksamkeit nähren. Und genau davon ernten wir später die Resultate.

Der Zustand unseres Innenlebens und wie oft wir „zu Hause" sind, entscheidet maßgeblich darüber, in welcher Qualität wir uns durchs Leben bewegen. Erinnern Sie sich, welches Muster allen missachteten Glücksgesetzen zugrunde lag? Es lautete: Nicht hinschauen, nichts spüren, nichts verändern! Wir denken oft, dass nur draußen – außerhalb von uns – die Musik spielt. Aber das täuscht gewaltig! Wir sind so erzogen worden, dass wir immer versuchen, unsere äußere Welt so zu gestalten, dass wir uns – innerlich – wohlfühlen. Das funktioniert aber nur zum Teil, ist anstrengend und bleibt eine frustrierende Erfahrung, wenn die Außenwelt nicht in unserem Sinne mitspielt.

Wir überschätzen oft die äußeren Umstände und unterschätzen unsere eigene Kraft. Umso wichtiger ist es, unsere persönliche Kraft zu aktivieren und zu stärken.

War es nicht eigentlich so gedacht, dass neue Technologien uns die Arbeit abnehmen, sodass wir mehr Zeit haben, fröhlich im Café zu sitzen, unseren Hobbys zu frönen oder Freunde zu treffen? Sollte jegliche Technologie unser Leben nicht sicherer, geschmeidiger und sorgloser machen? Kennen Sie jemanden, der jetzt mehr Zeit hat als früher oder entspannter ist? Sie haben sicher auch schon bemerkt, dass das nicht der Fall ist und dass die Welt schneller, vernetzter und immer komplexer und anspruchsvoller wird und dass kein Ende abzusehen ist. Im Gegenteil.

Fragen Sie sich ganz ehrlich: Wer kümmert sich darum, dass Sie gesund und fit bleiben und Ihre Lebensfreude nicht an den Stress verlieren? Ihr Chef, weil er im besten Fall für eine zweitägige Prise Burnout-Prävention sorgt? Ihre Kollegen? Ihre Partnerin oder Ihr Partner?

Es bleibt nur eine einzige Person übrig: Sie! Nehmen Sie Ihr Leben und Ihr Glück also in die eigene Hand! Der Insight-Out-Prozess unterstützt Sie dabei.

Es gibt Dinge, für die nur Sie zuständig sind
und die nur Sie für sich selbst tun können.

Dies ist die Kernaussage des Insight-Out-Prozesses. Denn wer, wenn nicht Sie, kann das übernehmen: herauszufinden, was Ihnen guttut, was Sie brauchen, um glücklich zu sein? Wer entscheidet sich dafür, das umzusetzen, und wer setzt sich schließlich in Bewegung?

Leider haben wir nie gelernt, uns selbst und unsere Bedürfnisse, Befindlichkeiten, Werte und Grenzen bewusst wahrzunehmen und diesen auch zu folgen. Hinzu kommt, dass unsere Aufmerksamkeit im Alltag fast ausschließlich nach außen gerichtet ist, auf das, was um uns herum vor sich geht, was zu tun ist und was an uns herangetragen wird. Wir reagieren dann meistens darauf und leben zum Großteil von außen nach innen.

Dabei gerät unsere Wahrnehmung für uns selbst und damit die wichtigste Rückkopplung mit unserem Befinden in Vergessenheit. Wir können nur das wahrnehmen, worauf wir unsere Aufmerksamkeit, unseren Fokus, richten. Und da wir unseren Fokus immer nur auf einen einzigen Vorgang zur jeweiligen Zeit richten können, auch wenn wir an Multitasking glauben, bleibt dann einfach nichts mehr übrig für uns selbst. Und genau dieser Umstand, keine Persönlichkeitsausbildung zum Beispiel in Selbstwahrnehmung und Selbstpflege genossen zu haben und immer mit etwas anderem außerhalb von uns selbst beschäftigt zu sein, kreiert – in Kombination mit vielen unsinnigen Anforderungen unserer heutigen Arbeits- und Lebenswelt – diese riesige Schwemme an Überlastung, Depression und Burnout in unserer Gesellschaft.

Auch Gesundheitstipps kommen zuerst immer von außen. Der Insight-Out-Prozess ist dazu da, ein gutes Gespür für sich selbst zu bekommen, damit Sie nicht einfach nur auf andere Menschen und Experten hören, sondern genau wahrnehmen und entscheiden können, was für Sie im Moment das Richtige und Beste ist. Erst dann sind Gesundheitstipps und jegliche anderen

Informationen sinnvoll für uns. Sonst folgen wir nur weiter dem Prinzip, von außen Anregungen aufzunehmen und ihnen nachzugehen, ohne dass unser persönliches Gespür Gelegenheit bekommt, sie für uns zu bestätigen. Das individuelle Maß ist für jeden nur persönlich spürbar. Und nur über dieses können auf Dauer eine stabile Gesundheit, erfüllende Beziehungen, Sinnhaftigkeit und Erfolg im Beruf erlebt werden.

Mit dem Insight-Out-Prozess bauen wir unsere inneren Kompetenzen aus, wie beispielsweise eine bewusste Selbstwahrnehmung, unsere innere Kraft und einen respektvollen Umgang mit uns selbst, und können diese dann im Alltag mit unseren vielfältigen äußeren Kompetenzen verbinden.

Der Insight-Out-Prozess sorgt zusätzlich dafür, dass das zentrale Problem einer Burnout-Entwicklung, nämlich unbewusst zu sein und sich deshalb nicht wahrzunehmen und sich so lange zu übergehen, bis es zu spät ist, gelöst werden kann.

Glück ist ansteckend. Jeder Mensch, der gut für sich selbst sorgt und glücklich ist, ist eine Bereicherung für uns alle. Denn er oder sie wird genießbarer und tut sich schwerer mit Egozentrik. Er oder sie hat dann viel zu geben. Wenn Sie also etwas Gutes für Ihre Umwelt tun möchten und manchmal das Gefühl haben, nichts am Zustand verändern zu können, dann haben Sie hier Ihre Chance. Ich glaube, dass unser äußeres menschliches Klima bei jedem Einzelnen anfängt – in unserer inneren Welt. Wie sollen Frieden und ein freundliches Miteinander entstehen, wenn wir uns selbst noch nicht einmal gut leiden und freundlich behandeln können, uns durch den Tag hetzen und auf Kampf gebürstet sind?

Etwas Weichspüler im Umgang mit uns selbst und anderen Menschen, eine globale Erwärmung unserer Herzen, wäre doch, neben einer wirksamen Burnout-Prävention, eine angenehme und wünschenswerte Entwicklung, finde ich. Der Insight-Out-

Prozess soll uns dabei unter die Arme greifen. Um diese Entwicklung in Schwung zu bringen, habe ich die „artgerechte Haltung“ und andere Hilfsmittel entwickelt, mit denen ich Sie in Kürze bekannt mache. Doch zuvor möchte ich näher auf drei wichtige Aspekte im Insight-Out-Prozess eingehen.

3.1 DIE 3 GLÜCKSKOMPONENTEN

Damit Ihnen eben nicht einfach Ihre Gesundheit, Ihre Beziehungen, Ihre berufliche Leistung und Ihre Lebensqualität entgleiten, alles aus dem Ruder läuft und in Richtung Burnout abdriftet, hilft es, dass Sie drei ganz wesentliche Glückskomponenten nicht aus den Augen verlieren: sich selbst gut zu kennen und zu spüren, sich zu lieben und wertzuschätzen und sich zu pflegen und zu fördern. Machen Sie die Augen auf und schauen Sie hin! Setzen Sie sich selbst an die erste Stelle und sorgen Sie gut für sich!

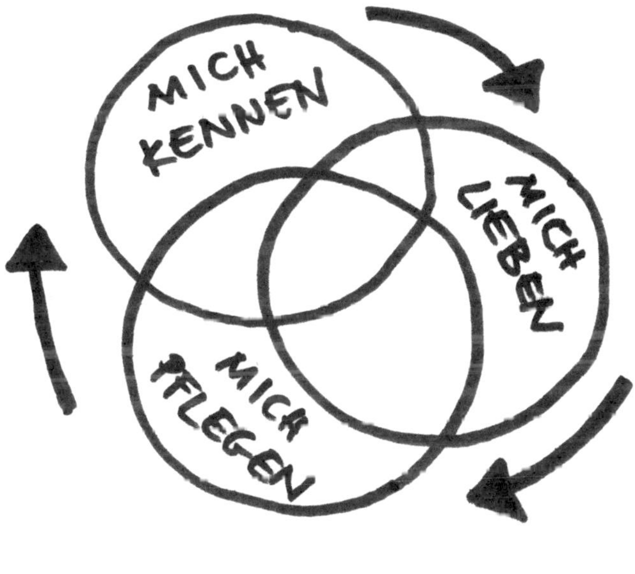

In diesen Aspekten haben dann die unterschiedlichsten Ansätze, Methoden, Gesundheits- und Glücksverstärker Platz. Etliche Methoden decken mehr als einen Aspekt ab, manche sogar alle drei.

Wir benötigen immer alle drei Aspekte in unserem Leben. Achtsam zu sein und sich gut spüren zu können allein reicht noch nicht aus. Unsere Gefühle, Wünsche und Bedürfnisse müssen auch ernst genommen und gelebt werden. Erst dann ist der Kreislauf perfekt und lässt keine offenen Rechnungen oder unerfüllte Lebensträume entstehen.

Wir setzen mit den Glückskomponenten positive Kreisläufe in Gang, die für uns arbeiten. Das führt zu Resultaten, die wir sehr gut gebrauchen können, wenn wir uns auf Glückskurs begeben möchten, denn:

Erstens nehmen Sie Ihr Wohlbefinden und Lebensglück selbst in die Hand und warten nicht länger auf Zufälle oder darauf, dass sich die Umstände verändern oder dass andere Sie glücklich machen.

Zweitens stärken Sie Ihre innere Kraft als Persönlichkeit und werden eine starke Basis haben, um mit Stress viel besser umgehen, Ihre Grenzen setzen und an der richtigen Stelle Ja und Nein sagen zu können. Sie werden aus der Fülle von täglichen Informationen und Angeboten lernen, herauszufiltern, was wann und in welchem Ausmaß wirklich zu Ihnen passt – ob das Sport, Ernährung, Entspannungsmethoden oder Menschen betrifft. Burnout wird keine Option mehr sein.

Drittens werden Sie unabhängiger von äußeren Umständen, gesünder und erfüllter – ob privat oder beruflich.

Fazit: Wir übergehen uns und unsere Grenzen immer weniger, bekommen mehr Klarheit und Selbstbewusstsein, verlieren weniger wertvolle Zeit an Dinge, die ungesund und überflüssig sind, sondern nutzen sie mehr für unser Wohl und für Interessen, die uns am Herzen liegen und uns bereichern.

Sehen wir uns dafür einmal an, wie die drei Glückskomponenten in zweierlei Richtung wirken können, indem wir die Burnout-Entwicklung mit dem Insight-Out-Prozess – unserem Weg in Richtung Lebensglück – vergleichen:

Der Weg in Richtung Burnout	**Der Weg in Richtung Lebensglück**
Nicht hinschauen, nichts spüren, nichts verändern!	Sich kennen und spüren, lieben und wertschätzen, pflegen und fördern!
„Nimm dich nicht so wichtig!"	Setzen Sie sich auf gesunde Weise an die erste Stelle!
„Du bist nur ein kleines Rädchen ohne Einfluss!"	Sie haben viel mehr Einfluss auf Ihr Leben, als Sie denken!

Von außen nach innen leben:	**Von innen nach außen leben:**
Die äußeren Umstände bestimmen meine Lebensqualität.	Ich nehme mein Leben und meine Gesundheit selbst in die Hand.
Unsere Aufmerksamkeit ist immer nach außen gerichtet und oft zerstreut.	Unsere Aufmerksamkeit wechselt zwischen innen und außen und ist zunehmend in uns verankert.
Die Burnout-Entwicklung ist unbewusst.	Das Lebensglück kann bewusst angesteuert und eine Burnout Entwicklung rechtzeitig wahrgenommen und verhindert werden.

Sie sehen: Der Ausgangsort für eine positive Entwicklung sind immer Sie. Sie müssen sich selbst und Ihre Wünsche und Bedürfnisse gut kennen und spüren können und gut für sich sorgen – auf allen Ebenen.

Auf viele Dinge in unserem Leben, ob beruflich oder privat, haben wir keinen oder nur wenig Einfluss: Das Wetter, unser Partner, die lieben Kinder, unsere Eltern und Freunde und natürlich Arbeitgeber und Kollegen – sie sind einfach nicht zu kontrollieren! Meistens ist uns dieser Umstand bewusst und wir akzeptieren ihn. Oder aber wir strampeln dagegen an …

Die gute Nachricht ist: Es gibt Bereiche, auf die wir durchaus viel Einfluss haben. Oft nutzen wir unsere Möglichkeiten aber gar nicht aus und fühlen uns deshalb hilflos den Umständen ausgesetzt. Wir sollten deshalb lernen, einen ganz zentralen Bereich zu nutzen, auf den wir jederzeit direkten Einfluss haben: unsere innere Kraftzentrale.

Diesen Einfluss mithilfe der drei Glückskomponenten zu nutzen, zahlt sich sehr positiv auf unser Lebensglück aus. Wie genau das funktioniert und welche Hilfsmittel die einzelnen Glückskomponenten beinhalten, das erfahren Sie in den nächsten Kapiteln, sodass Sie sofort starten können!

Die erste Glückskomponente: sich gut kennen und spüren

Kennen Sie das: Sie stehen im Pflanzenmarkt und wollen sich eine neue, Ihnen noch unbekannte Topfpflanze kaufen? Sie lesen die kleine Pflegeanleitung und fragen zur Sicherheit lieber doch noch mal einen der Verkäufer nach den Details der „Haltung“. Wie viel Wasser braucht Ihre neue Pflanze, wo steht sie am liebsten – in der Sonne oder doch etwas schattig? Ist sie empfindlich gegenüber Luftzug? Mag sie Dünger und wenn ja, welchen und wie viel davon? Muss sie bald in einen größeren Topf oder gar in die freie Wildbahn? Welche Lebenserwartung hat sie, wenn alles gut läuft? Fragen über Fragen! Und es handelt sich hierbei nur um eine einfach gestrickte Topfpflanze! Bei einem neuen Haustier stehen da sogar noch ganz andere Ansprüche und Bedürfnisse im Raum, die alle zu beachten sind, wenn das liebe Tier auch das nächste Weihnachtsfest noch freudig miterleben soll.

Um den neuen Mitbewohner also kennenzulernen und um zu wissen, was er braucht, werden Bücher gewälzt, wird stundenlang in Internetforen gesurft und werden alle körperlichen und psychischen Faktoren durchleuchtet. Wenn wir das bei manch einem unserer Partner getan hätten …

Die artgerechte Haltung für Sie selbst

Wissen Sie, was Sie brauchen? Wurden Sie von anderen Menschen dazu angeregt, sich mit Ihrem Lebenswohl zu beschäftigen, damit Sie, wie Ihre Topfpflanze oder Ihr Haustier, gesund und glücklich leben und aufblühen können? Falls nicht, holen wir das jetzt nach!

Leider wissen wir oft besser, was unsere Topfpflanzen brauchen, als was wir selbst benötigen, damit es uns rundum gut geht, und pflegen sie sogar manchmal besser als uns selbst. Ergibt es dann nicht Sinn, dass es klemmt bei den Glücksgesetzen und mit dem sogenannten Lebens- und Liebesglück oder mit unserer beruflichen Erfüllung?

Die artgerechte Haltung ist das Gegenteil der 10 Gebote des Burnouts. Bei ihr geht es um das, was Sie wollen – nicht sollten.

Sie haben jetzt die Möglichkeit, eine eigene Pflegeanleitung für Ihre artgerechte Haltung zu erstellen, und können sie auch später immer wieder ergänzen oder korrigieren. Danach stellen wir eine Verbindung zwischen ihr und den 5 Glücksgesetzen her, indem wir uns die jeweiligen Kernaussagen anschauen und Sie sie mit Ihren jeweiligen Handlungsideen verknüpfen. Aber eins nach dem anderen …

Wovon möchten Sie definitiv mehr in Ihrem Leben haben? Was sind Ihre optimalen Bedingungen zum Leben, Wachsen und Gedeihen? Welche Ansprüche haben Sie an sich selbst und das Leben, das Sie führen wollen – nicht führen sollten? Was genau benötigen und wünschen Sie sich, um aufzublühen und „Früchte zu tragen“ und das Beste aus sich und Ihrem Leben zu machen? Auf welche Art wollen Sie leben?

„Zum Fühlen braucht es Zeit“, sagt Daniel Goleman, der ein Experte im Bereich der Gehirnforschung und des menschlichen Verhaltens ist.

Also, nehmen Sie sich ruhig Zeit, mithilfe der folgenden Fragen Ihre Ideen zu entwickeln.

Was brauche ich körperlich?	………………………………………… ………………………………………… ………………………………………… ………………………………………… ………………………………………… …………………………………………
Was brauche ich geistig?	………………………………………… ………………………………………… ………………………………………… ………………………………………… ………………………………………… …………………………………………

Was tut mir emotional gut?

Was tut mir seelisch gut?

Wovon möchte ich mehr in meinem Leben oder was wollte ich immer schon einmal tun?

Was bedeutet mir wirklich etwas?

Was hat Sinn für mich?

Was brauche ich, damit ich gesund arbeiten kann?

Was brauche ich, damit meine Freizeit auch Freizeit ist?	....
Was brauche ich, um gut zu entspannen und gut zu schlafen?	....
Was brauche ich, um mich weiterzuentwickeln, neue Fähigkeiten zu erwerben oder bestehende wiederzubeleben?	....
Worauf möchte ich am Ende meines Lebens unbedingt zurückschauen?	....

Es gibt nur drei Hindernisse, die Ihnen bei dem Versuch, sich selbst artgerecht zu halten, im Wege stehen könnten:

1. Eigentlich …

„Eigentlich bin ich ja zufrieden. Ich habe alles und mir geht es gut.“ Hören Sie auch, wie lauwarm das klingt?

Wenn Sie mehr wollen vom Leben, dann braucht es etwas mehr Drive. Drehen Sie am besten jetzt gleich laut Ihre Lieblingsmusik auf und tanzen und singen Sie dazu!

Nach zehn Minuten starten Sie einfach noch einmal mit der Aufgabe, herauszufinden, auf welche Weise Sie genau diesen Zustand, dieses Körper- und Lebensgefühl, mit Ihrer artgerechten Haltung erreichen können.

2. Sie sind abgelenkt

Vielleicht sind Sie mit Ihren Gedanken und Gefühlen ganz woanders oder unter Druck, sodass Ihre Aufmerksamkeit nicht auf das Spüren Ihres Körpers gerichtet sein kann. Dadurch entgehen Ihnen die Signale und Rückmeldungen, die Ihnen von Ihrem Körper und Ihrer Psyche gesendet werden. Kein Problem!

Atmen Sie einfach ein paar Mal durch und richten Sie Ihre Wahrnehmung auf Ihren Körper – dorthin, wo Sie ihn am meisten spüren.

3. Sie strengen sich zu sehr an oder Sie sind zu unsicher

Wenn Sie jetzt sofort und restlos alles auf einmal aufschreiben wollen und unbedingt und sofort alle Antworten erwarten, die Ihnen das Leben bisher verschwiegen und vorenthalten hat, könnte das schwierig werden. Dann reagiert Ihr Körper mit Verspannung, Erwartungsdruck und Zweifel, was kontraproduktiv wirkt und Stress erzeugt.

Gegen die drei Hindernisse hilft es, sich in einen verspielten Zustand zu bringen, um den Ernst und die Dringlichkeit herauszunehmen.

Rezeptvorschlag: Lockern Sie sich, zum Beispiel mit Singen, Hüpfen und Tanzen zu Ihrer Lieblingsmusik, als wären Sie zehn Jahre alt und bis Sie merken, dass sich eine offene Neugier einstellt.

Wenn Sie zu unsicher sind und an Ihren Gedanken und Gefühlen zweifeln, dann stellen Sie zu Anfang nicht gleich die ganz großen Fragen des Lebens, sondern starten Sie mit den kleinen, feinen Dingen, die Sie bereichern und begeistern würden. Bereits eine einzige Sache reicht schon aus, um zu beginnen.

Der Glückskompass

Ob etwas gut und förderlich für uns ist, spüren wir in der körperlichen und emotionalen Resonanz. Diese direkte Antwort und Reaktion nenne ich unseren Glückskompass. Er ist unser persönliches GPS und zeigt uns, wo es langgeht – im Kleinen wie im Großen.

Ihr Körper wird sich immer entspannen oder zusammenziehen – je nach der Art Ihrer Gedanken, Gefühle oder Erfahrungen, die Sie gerade machen. Mir selbst erleichtert der Glückskompass schon seit einigen Jahren das Leben, zum Beispiel wenn Entscheidungen zu treffen sind. Das ewige Abwägen und Zögern fand mit ihm ein Ende. Ich zerbreche mir nicht mehr den Kopf, sondern nutze den Zugriff auf eine komplexere, höhere Intelligenz, als mich nur auf meinen Verstand zu verlassen. Das habe ich noch nie bereut und es macht mein Leben viel leichter. Meine Klienten bestätigen mir diese Wirkung auf ihr Leben ebenfalls.

Wir alle haben diese innere Zentrale, die uns zurückmeldet, wie es uns gerade geht und ob etwas in unserem Sinne ist oder nicht. Also nutzen wir doch diese herrliche „App", um unsere Gesundheit, unsere Beziehungen und unsere Lebensfreude zu verbessern, um mehr Kraft und Klarheit zu gewinnen und besser Grenzen setzen zu können.

Wenn ich mich selbst nur wenig oder gar nicht spüren kann, woher soll ich dann wissen, wer ich bin, was ich brauche und wohin ich eigentlich will in meinem Leben und mit wem? Ich muss dann auf angesammelte Informationen zugreifen, die ihren Ursprung oft in anderen Köpfen haben. Selbst wenn sie noch so genau den Punkt treffen sollten, ich kann es nicht spüren und nachprüfen für mich. Es bleibt immer eine Unsicherheit oder ein Zweifel zurück: Vielleicht stimmt es ja doch nicht? Ich glaube es, aber wissen tue ich es nicht.

Nur deshalb können wir im Stressmodus so lange über uns selbst hinweggehen: Weil uns die wichtigste Rückkopplung, das Spüren, fehlt. Wir machen, strengen uns an und rennen einfach immer weiter und merken nicht mehr, wann Schluss ist. Erinnern Sie sich an die Blase, die ich ganz am Anfang erwähnte? Beim Burnout und Zusammenbruch ist erst der Aufprall gegen die Wand die Grenze, die wir vorher nicht wahrgenommen haben oder wahrhaben wollten.

Am besten spüren Sie Ihren Glückskompass und sich selbst auf entspannte, spielerische Art, ohne Zeit- und Erwartungsdruck.

Nehmen Sie sich dafür einen Moment Zeit und Ruhe – ungestört von anderen oder von Ihrem Handy.

Setzen Sie sich bequem hin und atmen Sie ein paar Mal sanft in Ihrem Rhythmus ein und aus, bis Sie sich innerlich ruhig und bereit fühlen und Ihren Körper spüren können. Folgen Sie mit Ihrer Aufmerksamkeit vor allem dem Ausatmen – das bringt Ruhe ins System.

Wo spüren Sie Ihren Körper am besten? Vielleicht im Brustbereich? Richten Sie eine entspannte Aufmerksamkeit dorthin. Das ist wie ein Anker, mit dem Sie einen guten Bezug zu sich selbst, Ihrem Gefühlshaushalt und Ihrem Körper, schaffen können.

Wir werden nun Ihren Glückskompass und Ihre Körperreaktion testen. Achten Sie dabei einfach auf Ihr Körpergefühl und darauf, wie es sich verändert.

Schließen Sie Ihre Augen und denken Sie an einen Ort, an dem Sie sich so richtig wohlfühlen. Das kann eine schöne Erinnerung an einen bestimmten Ort sein oder aber die Vorstellung von einem Ort, zum Beispiel einem Urlaubsziel, das Sie sich erträumen und von dem Sie vielleicht ein Bild haben.

Nehmen Sie jetzt Ihren Körper wahr. Zieht er sich zusammen und spannt sich an oder weitet er sich und wird weich? Wie fühlt sich Ihr Atem an? Fließt er frei oder eingeengt? Wie fühlt sich Ihr Bauchraum an? Weich oder zusammengezogen? Wie ist die Lage in Ihrem Oberstübchen? Tummeln sich darin viele Gedanken oder wird es ruhiger? Fangen Sie eventuell an zu lächeln?

Sie haben gerade Ihre körperliche Reaktion auf ein Bild oder eine Erinnerung erlebt, die bei Ihnen ein Wohlgefühl auslösen – die Ihnen offensichtlich guttun.

Nun ändern wir das innere Bild: Denken Sie an einen unangenehmen Ort, an dem Sie niemals Urlaub machen würden, und nehmen Sie wieder Ihren Körper wahr. Wie fühlt er sich dieses Mal an? Zieht er sich zusammen und spannt sich an oder ist er weich und entspannt? Wie fühlt sich Ihr Atem an? Fließt er frei oder eingeengt? Wie fühlt sich Ihr Bauchraum an? Weich oder zusammengezogen? Spüren Sie Ruhe oder ein Aufwirbeln und Kreisen Ihrer Gedanken?

Jetzt kennen Sie Ihre körperliche Reaktion auf ein Bild oder eine Erinnerung, die bei Ihnen Unwohlsein und Abwehr auslösen – die Ihnen also nicht guttun.

Öffnen Sie Ihre Augen und atmen Sie drei Mal tief durch. Dann gehen Sie zum Abschluss noch einmal zu Ihrem schönen inneren Bild zurück und nehmen wieder wahr, wie Ihr Körper darauf reagiert.

Üben Sie das Spüren Ihres Glückskompasses, Ihrer körperlichen und emotionalen Reaktion auf Menschen, Dinge und Situationen immer wieder an kleinen Dingen, die Ihnen über den Tag verteilt über den Weg laufen. Wenn Sie eine Entscheidung fällen möchten, testen Sie immer mindestens zwei Varianten und vergleichen Sie sie miteinander. Wenn das Ergebnis nicht eindeutig ist, atmen Sie kurz durch, testen Sie noch einmal und nehmen dabei eine weitere Variante mit hinzu.

Sie können dies übrigens auch sehr gut auf Ihr Essen anwenden – aber Vorsicht: Die Antwort könnte Ihnen eventuell nicht zusagen, denn das, worauf wir oft Heißhunger haben, ist nicht unbedingt das Beste für uns und Ihr Körper weiß das und wird es Ihnen anzeigen.

Generell gilt: Fühlt sich Ihr Körper wohlig, weich und entspannt an und fließt Ihr Atem frei und leicht, dann sind Sie auf der richtigen Spur – Ihrer Glücksspur. Das heißt, Sie befinden sich in Übereinstimmung mit sich selbst und Ihrer Gesundheit und sind auf etwas gestoßen, was gut und förderlich für Sie ist. Sie sind dann mit sich selbst sozusagen „ziemlich beste Freunde".

Zieht sich Ihr Körper jedoch zusammen und wird eng und angespannt, dann sind Sie auf etwas gestoßen, was nicht förderlich ist für Sie und Ihre Gesundheit, auf allen Ebenen. Das können auch Orte, Tätigkeiten und Menschen sein.

Folgen Sie einfach Ihrer Begeisterung und Freude, der Entspannung und Ihrem Wohlgefühl. Das lässt Sie mit den richtigen Personen Bindungen eingehen und am richtigen Ort Urlaub machen. Fühlen Sie dafür am besten regelmäßig bei Ihrem Anker nach – dem Ort Ihres Körpers, an dem Sie sich gut spüren können. Er ist wie ein Telefon, durch das Sie immer für sich selbst erreichbar sind. Nehmen Sie immer wieder bewusst den Kontakt zu sich selbst auf, dann rennen Sie nicht so schnell über sich hinweg oder in die falsche Richtung.

Denken Sie bitte immer daran: Von innen nach außen zu leben ist ein Prozess. Wenn Sie sich bisher wenige oder noch gar keine Gedanken über Ihre artgerechte Haltung gemacht haben und Ihren Glückskompass noch nie genutzt haben, dann kann es sein, dass es eine kleine Weile dauert, bis alles in Schwung kommt und Sie Ihren Zugang und Ausdruck finden. Das gehört dazu und ist ein bisschen wie beim Sport, wenn man eingerostet ist und durch die Bewegung erst wieder gelenkig und kräftig wird. Sie trainieren also einen sehr wichtigen Muskel, der natürlich etwas Zeit braucht. Bleiben Sie dran – es entwickelt sich auf jeden Fall!

Mein Tipp: Halten Sie im Allgemeinen locker Ausschau nach Lebensqualität und bedanken Sie sich für schöne und angenehme Dinge, die Ihnen widerfahren, auch wenn sie Ihnen selbstverständlich erscheinen oder noch so klein sind. So schulen Sie sowohl Ihren Glücksradar als auch Ihre Empfänglichkeit und Wertschätzung für die schönen Dinge des Lebens.

Die zweite Glückskomponente: Sich lieben und wertschätzen

Sie werden sehen, wie wichtig es ist, nicht beim Aufschreiben Ihrer artgerechten Haltung aufzuhören, sondern sie sich wirklich zu Herzen zu nehmen, also vom Bewusstsein nun in Ihrem Herzzentrum zu verankern. Sich selbst zu erlauben, die eigenen Wünsche, Werte und Bedürfnisse ernst zu nehmen, ist der erste wichtige Schritt zu liebevollem Selbstrespekt und zu Selbstachtung.

Reden Sie Ihre Bedürfnisse nicht klein oder tun Sie sie als albern, unvernünftig oder unrealistisch ab: „Das ist doch nicht so wichtig“, „Das kann ich doch nicht machen!“, „Was werden die anderen denken?“ Dazu benötigen Sie ein möglichst hohes Maß an Selbstliebe und Selbstwertschätzung, damit Sie Ihr eigenes Wohl als wichtiger empfinden als die Meinung von anderen über Sie und als Ihre eigenen Vorbehalte, es sich richtig gut gehen zu lassen.

Sich selbst so zu lieben und anzunehmen, wie Sie nun einmal sind, ist essenziell. Und das können wieder nur Sie für sich tun. Denn wer soll den Part übernehmen, Sie zu lieben, zu achten und wertzuschätzen, wenn Sie ihn nicht erfüllen?

Uns selbst zu lieben und wichtig zu nehmen – nicht wichtig zu machen! –, hat immer noch keinen guten Ruf: „Das ist doch narzisstisch und selbstherrlich!“ Jedenfalls für das allgemeine, auch „normal“ genannte, gesellschaftliche Verständnis, mit dem wir, unsere Eltern und deren Vorfahren groß geworden sind. Ist „Ich!“ zu rufen nicht falsch?

Bevor wir jedoch nicht „Ich“ sagen, werden wir auch nicht „Wir“ sagen können. Denn unser Verständnis entwickelt sich immer vom Ich zum Wir. Wenn wir uns selbst schwer Gutes tun können, wie können wir es dann ehrlichen Herzens für andere? Betontes Auftrumpfen auf der einen Seite und demonstrative Bescheidenheit auf der anderen sind zwei Varianten einer emotionalen Mangelerscheinung.

Ein immer satteres Herz und Selbstwertempfinden führt automatisch zu einem ausgeglichenen, offenen und umsichtigen Verhalten.

Auch wenn wir es ungern zugeben und sehr nach Unabhängigkeit streben: Sich bedingungslos geliebt und angenommen zu fühlen, kommt direkt nach unserem Elementarbedürfnis nach körperlicher Sicherheit. Deswegen fühlen wir uns auch unzufrieden, rastlos und unerfüllt, wenn es daran mangelt. Das können wir uns nicht aussuchen, das ist einfach so. Liebe, Anerkennung und Wertschätzung sind das grundlegende Sicherheitsbedürfnis der emotionalen Ebene. Ohne sie scheint nichts zu laufen. Sie sind wie Nahrung für unsere Seele.

Sie kennen sicher die vielen Geschichten von unglücklichen reichen Stars oder Geschäftsleuten. Dann heißt es oft: Lieber arm, aber glücklich! Das trifft aber nicht den Punkt. Menschen können unglaublich viel Geld, Erfolg und Besitztümer ihr Eigen nennen, aber ob das Glück auch im Herzen ankommt und gefühlt werden kann – sozusagen wie Nährstoffe aufgenommen werden kann –, ist ein ganz anderes Thema. Das betrifft Arme wie Reiche gleichermaßen. Ein interessantes Beispiel sind Lottomillionäre. Viele von ihnen verlieren in kurzer Zeit wieder all ihr Geld. Warum? Sie stoßen das Geld unbewusst wieder ab, wie ein transplantiertes Organ. Sie können es nicht annehmen und befinden sich in kurzer Zeit in ihrer gewohnten alten „Frequenz" wieder. Ich nenne das den Jo-Jo-Effekt des Geldes. Mit Liebe und Anerkennung verhält es sich genauso.

Fragen wir uns doch einmal: Wie gehen wir eigentlich mit uns selbst um im täglichen Leben? Mit welchem Tempo und auf welche Art bewegen wir uns durch unseren Tag? Schubsen wir uns selbst herum und treiben uns ständig an, nehmen wir uns viel zu viel vor und versuchen wir angestrengt, mit den höchsten Ansprüchen und Qualitätsstandards Schritt zu halten? Sind wir für alle anderen da mit unserer Zeit, Kraft und Aufmerksamkeit, nur nicht für uns selbst? Gönnen wir uns etwa unser eigenes Tempo, Atempausen und Auszeiten nur für uns selbst und unsere Interessen?

Kommen Sie eigentlich gut weg in Ihrem inneren Dialog oder läuft dort ständig „Die Zeugin der Anklage"? Vielleicht gar im Wechsel mit einer Talentshow, bei der Sie ständig gegen andere antreten und sich mit ihnen vergleichen, um daraufhin wieder im Gerichtssaal zu landen, wo über Sie geurteilt wird und wo jeder Vorgang akribisch analysiert, bewertet, kritisiert und eventuelle Vergehen bestraft werden.

Das nächste Mal, wenn Sie sich nicht gut fühlen, halten Sie bitte kurz inne und überprüfen Sie, ob Sie sich gerade gut behandeln oder ob Sie sich selbst klein machen. Hart mit sich selbst zu sein, ist eine alte Tradition, die auch gerne als Tugend verkauft wird. Nur sehen die Menschen dann sehr vertrocknet und eingefroren aus und haben die Aura eines katholischen Erziehungsheims.

Lieblosigkeit und Härte erzeugen eine kalte, anonyme und unwirtliche Welt. Ihr Herzkraftort ist deshalb sehr wertvoll – für Sie selbst, aber auch für uns alle. Er kann das Klima unserer Gefühlsumwelt zum Besseren verändern, es wärmer und weicher machen. Ihr geistiger und emotionaler Zustand schlägt nämlich Wellen und ist ansteckend.

Komplimente, Zuneigung und Aufmunterung an andere zu verschenken, macht noch reicher und zufriedener.

Und andersherum: Liebe, Aufmerksamkeit und Anerkennung von anderen Menschen zu erhalten, ist etwas Herrliches, ein wahrer Genuss, wie von warmen Sonnenstrahlen beschienen zu werden – vorausgesetzt, man kann es annehmen.

Manche Menschen schämen sich in solchen Situationen: „Das ist mir unangenehm und peinlich“, „Darf ich so viel Aufmerksamkeit überhaupt annehmen?“, „Bin ich es wirklich wert?“

Es ist merkwürdig, wir sind so oft auf „Nahrungssuche“ nach Wertschätzung und liebevoller Zuwendung, aber wenn sie kommen und wir Komplimente, Geschenke, anerkennende Worte oder ein Lob erhalten, ist es gar nicht so einfach, sie auch anzunehmen. Das Annehmen von Liebe will also auch gelernt sein

Ganz abgesehen davon kann man sich leider auf die Zuneigung der anderen so wenig verlassen wie auf das Wetter. Denn auch die „Zulieferer“ haben ihre sonnigen und ihre bewölkten Tage. Erinnern Sie sich noch daran, dass es bestimmte Dinge gibt, die nur Sie für sich tun können? Wie wäre es, wenn wir zusätzlich zur Liebe von anderen Menschen uns selbst lieben und wertschätzen würden und dadurch sogar noch mehr in der Lage wären, glückliche Momente zu erleben und Liebe, Komplimente und Geschenke besser anzunehmen?

Woher sollen Sie nun wissen, ob Sie sich selbst lieben? Der Glückskompass, den wir bereits kennengelernt haben, hilft Ihnen bei der Antwort.

Wenn Sie sich achtsam, liebevoll und wertschätzend behandeln, wird sich Ihr Körper entspannt, wohlig und weich anfühlen. Wenn Sie sich im Gegenzug nicht gut fühlen – also körperlich und psychisch angespannt und zusammengezogen sind –, dann ist das ein eindeutiges Signal dafür, dass Sie sich mehr verwöhnen könnten.

Geben Sie sich selbst das Jawort!

Haben Sie sich selbst schon einmal einen Antrag gemacht? Nein? Dann wird es aber höchste Zeit! Schließlich sind Sie selbst die einzig verlässliche Konstante in Ihrem Leben neben der universellen Kraft. Der Mensch, mit dem Sie Ihr ganzes Leben verbringen, bis der Tod Sie scheidet, das sind immer Sie. Sie sind die Person, der Sie am nächsten sind und mit der Sie eine wundervolle Beziehung haben können – wenn es mit der Selbstliebe klappt.

Notieren Sie doch bitte jetzt ein paar positive Argumente und Gründe, warum Sie eine echt gute Partie sind. Das sind Sie doch, oder?

Was finde ich so richtig toll an mir?

Aus welchen Gründen könnte ich mich in mich selbst verlieben?

Bin ich eine gute Partie?

Und wenn ja, warum?

Könnte ich Ja zu mir selbst sagen?

Und warum?

Sind Sie bereit, sich selbst zu lieben und zu ehren, in guten wie in schlechten Tagen – mit all Ihren Eigenheiten und Schwächen?

Meditation: Liebe auftanken

Das Auftanken ist ein herrliches Hilfsmittel, um sich zu entspannen, von geben und aktiv sein auf empfangen umzuschalten und sich mit dem zu versorgen, was einem guttut.

Setzen Sie sich an einem ungestörten Ort bequem und locker hin und schließen Sie Ihre Augen. Sie können sich zurücklehnen, die Füße hochlegen – wie es Ihnen am meisten behagt und wie es Sie in einen rezeptiven Zustand bringt.

Atmen Sie ein paar Mal in Ihrem Rhythmus ein und aus, bis Sie merken, dass Sie ruhiger werden und richtig da sind.

Jetzt stellen Sie sich vor, dass Sie eine große Zuleitung, eine Versorgungsleitung, ähnlich einem Wasserrohr, zu sich selbst besitzen. Das ist Ihre Glücksleitung. Durch diese Versorgungsleitung fließen Liebe und sämtliche andere wunderbare Zutaten, die das Glück so hergibt, unbegrenzt zu Ihnen. Wir fangen zunächst mit der Liebe an.

An der Zuleitung ist ein Hahn angebracht. Jetzt drehen Sie den Hahn auf und lassen die Liebe wie Wasser, das durch die Leitung sprudelt, in sich hineinfließen. Sie können jederzeit festlegen, wie viel durch diese Leitung zu Ihnen fließen soll. Sie sind einfach nur auf Empfang geschaltet und lassen sich auffüllen, bis Sie das Gefühl haben, dass es genug ist und Sie sich satt und zufrieden fühlen. Es gibt keine Beschränkungen und Mengenangaben.

Lassen Sie das Gefühl von Liebe sich im ganzen Körper verteilen und nehmen Sie es mit Ihrem Atem ganz tief in jede Ihrer Zellen auf. Genießen Sie einfach, nichts dafür tun zu müssen.

Wenn Sie so weit sind, dann öffnen Sie wieder Ihre Augen, atmen Sie noch ein paar Mal tief durch und lassen Sie das Gefühl sich in Ruhe setzen.

Wählen Sie immer nach Ihrem Empfinden die Zutat aus, die Ihnen am meisten guttun würde im Moment. Es können auch mehrere auf einmal sein – also zum Beispiel Geborgenheit, Selbstvertrauen und Liebe. Es können auch reine Lebenskraft, Motivation oder Lebenslust sein, wenn Sie sich das wünschen. Wählen Sie alles, was Ihr Herz beglückt und hüpfen lässt. Sie können nichts falsch machen. Spielen und experimentieren Sie einfach immer wieder mit den Zutaten, wann immer Sie Lust dazu haben oder Sie sich nicht wohlfühlen und Auftanken angesagt ist. Auch ein paar Sekunden als „Espresso" zwischendurch können sehr bestärkend, unterstützend und ausgleichend wirken. Es muss nicht das zeitliche Großformat sein. Eine Minute kann schon viel sein. Probieren Sie es selbst aus und sammeln Sie Ihre eigenen Erfahrungen.

Mein Tipp: In einem ungestörten, lockeren und ungezwungenen Zustand können Sie am besten anfangen, das Auftanken im Alltag zu üben – am besten jeden Tag morgens und abends ein paar Minuten lang. Sollten Sie nichts spüren, kann das folgende Gründe haben:

1. **Sie strengen sich viel zu sehr an und wollen es „richtig" machen.**

   Atmen Sie noch ein paar Mal in Ihrem Rhythmus durch, entspannen Sie sich – es ist eine spielerische Angelegenheit. Sie können es gar nicht falsch machen.

   Fahren Sie danach einfach fort oder starten Sie noch einmal von vorn.

2. **Sie haben die „Zutaten“ nach Ihrem Verstand ausgewählt, Dinge, von denen Sie dachten, dass Sie sie brauchen.**

   Atmen Sie noch ein paar Mal tief durch und spüren Sie nochmals, was gerade angesagt ist zum Auftanken. Was ist im Moment das Wichtigste für Sie?

3. **Sie sind nicht passiv und entspannt genug auf Empfang geschaltet, sondern wollen das Auftanken kontrollieren oder dabei nachhelfen.**

   Das Auftanken ist eine anstrengungslose Sache, die geschieht und nicht erzwungen werden kann. Lehnen Sie sich entspannt zurück und lassen Sie sich auffüllen.

Das Auftanken kann jedes Mal anders ausfallen und sich unterschiedlich anfühlen. Vergleichen Sie deshalb nicht zu sehr und versuchen Sie nicht, dasselbe Ergebnis wie beim letzten Mal zu erzielen. Es hat eine Eigendynamik, die immer passt. Vertrauen Sie sich.

An dieser Stelle habe ich noch ein wirksames Rezept für mehr Freude, Energie und Verbundenheit in Ihrem Alltag. Es lautet: Loben Sie sich, machen Sie Komplimente, sagen Sie Danke, und zwar mindestens dreimal täglich. Loben Sie sich selbst bei kleinsten, unwesentlich erscheinenden Zwischenerfolgen.

Werfen Sie mit Komplimenten um sich! Ob es ein schöner Anhänger, eine Tätigkeit oder ein Talent ist – seien Sie so großzügig, wie es Ihnen ehrlich möglich ist.

Bedanken Sie sich auch für kleine, „selbstverständliche“ Dinge oder für die Zeit und Aufmerksamkeit, die Ihnen eine andere Person schenkt.

Die dritte Glückskomponente: sich pflegen und fördern

Nachdem Sie im Kapitel über Ihre artgerechte Haltung ein genaueres Bild und erste Ideen darüber erhalten haben, was Sie wollen und was Ihnen guttut, und Sie Ihre Wünsche und Bedürfnisse ernst nehmen und sie für wichtig erachten, erschaffen Sie nun Ihre eigenen Resultate und erleben, was es heißt, Gesundheit, Zufriedenheit und Lebensqualität in eigene Hände zu nehmen. Denn: Ohne Umsetzung keine Ergebnisse.

Für die Erfüllung Ihrer Bedürfnisse und Wünsche sitzen allein Sie am Steuer.

Kümmern wir uns nicht um alles Mögliche und jeden anderen zuerst und versuchen, den vielen verschiedenen Ansprüchen gerecht zu werden? Da sind unsere Kinder und ihre Förderung, unsere Partner, Eltern, unsere Arbeit samt Kunden, Kollegen und Chef natürlich oder das Studium, wichtige Termine, der liebe Haushalt, der Geburtstag von Tante Frieda, der Geigenunterricht von Tochter Karla und natürlich das Zwergkaninchen! Kümmern wir uns nicht um uns selbst eher zuletzt, wenn vielleicht noch etwas Zeit übrig ist?

Unsere Aufmerksamkeit ist fast immer nach außen auf andere Menschen und alle möglichen Dinge und Vorgänge gerichtet. Es gibt immer etwas, was sich in unser Blickfeld drängt und uns in Anspruch nimmt. Das Smartphone piepst und bekommt natürlich prompt alle Aufmerksamkeit. E-Mails rauschen ins Postfach, stapeln sich und wollen von uns beachtet werden. Kurzfristig ein Termin, für den alles fertig sein muss zur Präsentation, das Telefon klingelt und die Kinder wollten doch noch Eis essen gehen! Auf Facebook gibt es neue Posts und auf WhatsApp hat jemand ein neues, ganz süßes Katzenvideo geschickt!

Wann sind Sie dran? Am Ende des Tages stehen Sie, die ständig im Einsatz waren für alle und alles, hinsichtlich Ihrer Selbstpflege mit leeren Händen da.

Wer also übernimmt jetzt Ihren Part, sich selbst zu pflegen und zu fördern?

Oft erscheint es uns leichter, sämtliche Probleme der Außenwelt zu lösen, als dass wir uns mit uns selbst beschäftigen. Ablenkung ist überdies mehr als leicht zu finden, sie schneit uns förmlich ins Haus. Persönliche Selbstpflege ist etwas anderes, als stundenlang dem Fernsehprogramm zu frönen oder im Internet unterwegs zu sein.

Uns selbst zu pflegen und zu fördern, ist mehr als nur waschen, kämmen und uns anziehen. Natürlich ist das ein guter Start, aber wir können noch viel mehr für unsere Lebensqualität herausholen – auf einfache Weise.

Kennen Sie den Ausdruck: Das kann mir keiner nehmen? In genau dieser Kategorie bewegen wir uns im Insight-Out-Prozess. Die Dinge, die Sie für sich selbst tun, kann Ihnen niemand nehmen. Sie sind wie ein Schatz, von dem Sie immer mehr anhäufen, je öfter Sie nach sich selbst schauen, sich Gutes tun und nach Ihrem gesunden Maß leben.

Wichtig dabei: Streichen Sie am besten die Wörter hätte, sollte, könnte, wollte aus Ihrem Vokabular, dann kommen Sie der Umsetzung Ihrer Wünsche und Bedürfnisse schon ein ganzes Stück näher.

„Jetzt nicht, das mache ich später einmal!“ – das dachten schon viele zu Lebzeiten, bis sie dann unglücklich auf ihrem Sterbebett lagen und feststellten, dass sie all die schönen Dinge immer nur verschoben oder anderen bei der Verwirklichung zugesehen haben.

Ein Pflege- und Förderprogramm für Sie selbst

Erstellen Sie nun ein Pflege- und Förderprogramm nur für sich selbst – sozusagen als Investition in sich selbst. Die folgenden Fragen helfen Ihnen dabei:

	Ideensammlung
Welche meiner Gaben und Talente könnte ich fördern oder aus ihrem Tiefschlaf erwecken?	....
Welche Bücher, Vorträge und Seminare gibt es, die mich bei meiner persönlichen Weiterentwicklung unterstützen?	....
Wer hilft mir, alte Muster und Verletzungen zu überwinden, damit ich meinem Glück nicht mehr selbst im Wege stehe und eine belastende Vergangenheit hinter mir lassen kann?	....

	Ideensammlung
Mit welchen gleichgesinnten Menschen kann ich Kontakt aufnehmen oder wo könnte ich sie antreffen?	....
Womit könnte ich mich verwöhnen? Wie könnte ich es mir körperlich, geistig, emotional und seelisch so richtig gut gehen lassen?	....

Es kostet Sie nichts oder wenig, sich zu verwöhnen, weil es zuallererst eine Einstellung sich selbst gegenüber ist, wie Sie mit sich umgehen, leben und arbeiten und all die Dinge tun, die anstehen – auf Verschleiß oder mit Pflegeprogramm. Es wird Sie sogar reicher machen, da Sie sich dank Ihrer neuen Wachsamkeit und Selbstachtung ganz automatisch von unnötigen Geldausgaben und Bemühungen distanzieren werden, die vorher für kurze Zeit gute Gefühle erzeugen sollten.

Wenn Ihr neues, positives Interesse an sich selbst und Ihre ansteigende Selbstliebe Sie neugierig auf immer mehr Lebensfreude machen, dann genehmigen Sie sich auch Investitionen in Ihr persönliches Weiterkommen, wie zum Beispiel spezielle Seminare. Ihre Glücksexpansion zahlt sich immer aus. Und wenn

Sie selbst inspiriert davon sind, dann infizieren Sie am besten noch eine gleichgesinnte Person, die mitmacht beim Experiment Selbstpflege und Selbstliebe – das kann zusätzlichen Schwung geben!

3.2 DIE 5 GLÜCKSGESETZE IM INSIGHT-OUT-PROZESS

Kommen wir noch einmal zurück zu den Glücksgesetzen, nachdem Sie sich intensiv damit vertraut gemacht haben, was Ihnen guttut. Hier können Sie all das auf die Glücksgesetze bezogen eintragen und Ihre bisherigen Ideen gerne einbringen und übertragen.

Vielleicht fallen Ihnen aber noch ganz neue Aspekte ein, die Ihre Gesundheit und Lebensqualität nach oben befördern.

1. Das Gesetz der Lebensenergie:	**Laden Sie mindestens so viel Energie auf, wie Sie ausgeben!**
Wie könnten Sie Ihren Akku voll aufladen?	....

2. Das Gesetz vom Pendel:	**Pendeln Sie ausgewogen in beide Richtungen!**
Wie bringen Sie Ihr Pendel zum ausgewogeneren Schwingen?	....
3. Das Gesetz der Waage:	**Belasten Sie mehr Ihre Glücksschale!**
Wie bringen Sie mehr Gewicht in Ihre Glücksschale und damit Ihre Waage ins Gleichgewicht?	....
4. Das Gesetz vom Stressfass:	**Was hineinkommt an Stress, sollte auch wieder hinaus!**
Wie könnten Sie Ihr Stressfass leeren?	....
5. Das Gesetz der Lebensspirale:	**Schrauben Sie sich durch gesunde, positive Kreisläufe in Ihrer Lebensqualität nach oben!**
Welche förderlichen Handlungen würden positive Kreisläufe erzeugen?	....

Wie die 5 Glücksgesetze im Insight-Out-Prozess zusammenwirken:

viel Energie + gesunder Lebensrhythmus und Entspannung + mehr Gewichtung auf der angenehmen Seite

Sie sorgen dafür, dass sich unser Stressfass leert.

Das Resultat davon zeigt sich in unserer Lebensqualität.

Wir befinden uns dann zielstrebig auf Lebensglück Kurs!

Die Erfolgsformel für mehr Lebensglück – sich spüren, wertschätzen und pflegen – hilft uns dabei, mit den Glücksgesetzen zu „schwimmen", unsere inneren Antreiber zunehmend zu entschärfen und unsere echte Motivation und unseren gesunden inneren Antrieb zum Vorschein zu bringen und zu stärken. Sie wirken dann anstelle der Antreiber im Hintergrund und steuern unser Verhalten – in diesem Fall auf gesunde Weise – und erzeugen dadurch wünschenswerte Ergebnisse.

Leben und arbeiten wir mit unserer Motivation und unserem gesunden inneren Antrieb, dann hat unser gesunder Menschenverstand wieder die Oberhand, wir fühlen uns vitaler, erfüllter und erfolgreicher. Dadurch sind wir immer weniger auf die Wertschätzung von anderen Menschen angewiesen beziehungsweise können diese dann sogar viel mehr genießen.

Und so werden Sie Ihre Bedürfnisse effektiv umsetzen, ohne sich dabei zu verzetteln:

Ergebnisse schaffen in 7 Schritten

	Schritt 1
Was brennt Ihnen am meisten unter den Nägeln? Was wollten Sie schon lange tun oder welches Glücksgesetz braucht Ihre besondere Aufmerksamkeit?	....

	Schritt 2
Welche sind die drei wichtigsten Dinge dabei, die einer Lösung oder Veränderung bedürfen? Welche würden Ihre Lebensqualität am stärksten positiv beeinflussen?	....

	Schritt 3
Wählen Sie den wichtigsten Punkt aus und stellen ihn auf Platz 1. Die beiden anderen sortieren Sie auf Platz 2 und 3.	.... 1. Platz .... 2. Platz .... 3. Platz

	Schritt 4
Welche drei bis fünf Handlungen wären für die Umsetzung von Platz 1 wichtig?	....

Welche dieser Handlungen können Sie sofort umsetzen? Welche selbst noch so kleine Handlung wäre ein Beginn?	....

Schritt 5

Tun Sie es!

Schritt 6

Loben Sie sich ausführlich selbst dafür!

Schritt 7

Tun Sie jeden Tag drei selbst ganz kleine Dinge – auch wiederholt –, die auf Ihrer Umsetzungsliste auf Platz 1 stehen.

Denken Sie daran: Sie sitzen am Hebel und entscheiden, was, wann, wo und wie viel!

Wenn Sie merken, dass Sie sich diesen Wunsch erfüllt oder eine neue Angewohnheit in Ihren Alltag integriert haben, dann suchen Sie sich den nächsten wichtigen Punkt aus, den Sie verwirklichen möchten, und gehen wieder schrittweise dabei vor.

Sollte sich dabei Ihr sogenannter innerer Schweinehund melden, dann wenden Sie die folgenden Hinweise an, die Ihnen helfen, den Umsetzungswiderstand zu überwinden.

Wir alle kennen ihn: Wenn wir etwas Neues ausprobieren wollen und schon in den Startlöchern stehen, taucht sehr oft sofort ein gewisser Widerstand auf, der versucht, uns zu den unmöglichsten Dingen zu überreden. Es sei denn, man überlistet ihn! Und so geht's:

Wie Sie Ihren inneren Schweinehund austricksen

Erstens: Machen Sie so kleine, dafür aber häufige und regelmäßige Babyschritte bei der Umsetzung, dass Sie immer unter dem Radar des Widerstandes bleiben. Ihre kleinen Schrittchen werden praktisch nicht auffallen, aber auf Dauer sehr große Wirkung haben.

Kennen Sie den Satz: Wir überschätzen oft, was wir in einem Jahr erreichen können, und unterschätzen, was wir in zehn Jahren bewirken können? Das passt sehr gut hierher. Die kleinen, täglich wiederholten Angewohnheiten steuern unser Leben am meisten.

Zweitens: Richten Sie Ihren Fokus auf das positive Ergebnis, auf das, worauf Sie sich so richtig freuen – auf das Gefühl, das Sie haben, wenn Sie das Gewünschte erleben. Dadurch haben Sie immer mehr Rückenwind und lassen sich nicht beirren.

Viele Menschen richten ihren Fokus auf die Unannehmlichkeiten und den Widerstand oder das Hindernis, das zwischen ihnen und dem Ergebnis stehen kann. Dadurch springt der Stressmodus an und sie fangen an, davonzulaufen, es aufzuschieben oder zu übertreiben. Sie sind zu sehr mit dem Gegenwind beschäftigt, als dass sie sich von ihrem ersehnten Ergebnis leiten lassen und geben dann schnell auf. Lassen Sie sich also von Ihrem Ziel ziehen!

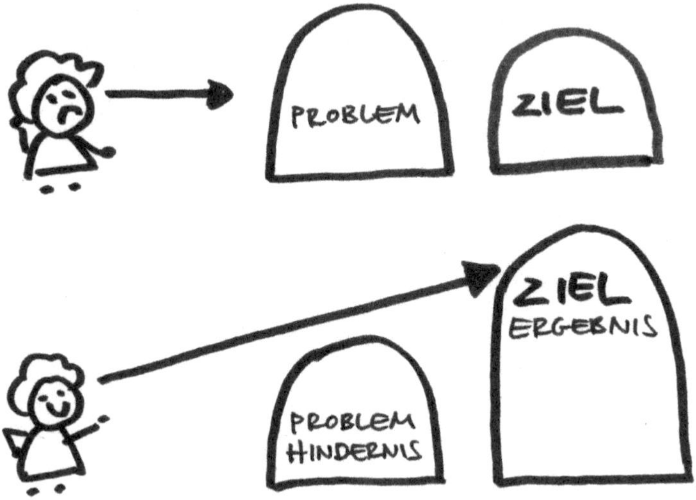

WIE SIE DEN INSIGHT-OUT-PROZESS IM ALLTAG ANWENDEN KÖNNEN

1. Sich gut kennen und spüren
Frage: Wie geht es mir gerade? Nehmen Sie dabei gerne die nachfolgende Stressampel zu Hilfe.

2. Sich lieben und wertschätzen
Frage: Was brauche ich gerade, damit es mir so richtig gut geht? Wie kann ich mir das Leben in diesem Moment leichter machen?

3. Sich pflegen und fördern
Frage: Womit kann ich das direkt umsetzen?

Gehen Sie mindestens dreimal am Tag alle drei Punkte durch. Auf diese Weise setzen Sie immer wieder gesunde und förderliche Kreisläufe in Gang und werden sich in Ihrer Lebensqualität unweigerlich nach oben schrauben.

Die Stressampel

Atmen Sie ein paar Mal ein und aus und nehmen Sie dann wahr, wie es Ihnen im Moment geht.

Rot: Sie stehen total unter Strom – die Luft wird dünn und Sie fühlen sich am Limit oder kurz davor.

Gelb: Sie sind in einer gesunden Anspannung, fühlen sich wohl damit und haben noch gut Luft nach oben.

Grün: Sie fühlen sich entspannt und gelassen.

Ein kleiner, aber wichtiger Hinweis für Sie: Genießen Sie diesen Weg und machen Sie keinen Leistungssport oder eine neue Arbeit oder Verpflichtung daraus. Wenn die Umsetzung keine Freude macht, dann ist entweder zu viel Druck dabei oder zu wenig Begeisterung für Ihr Anliegen. Dann können Sie dies korrigieren oder lockerer angehen.

Das Ziel ist, dass Sie lernen, sich so richtig gut zu fühlen, und auf unnötigen Stress, den wir uns oft selber machen, verzichten. Auch die Option zu nutzen, ungesunde Situationen und Verhältnisse zu verlassen, gehört hierher.

3.3 ZUSAMMENFASSUNG

Der Schritt, sich selbst Gutes zu tun und die Qualität Ihrer Gesundheit, Ihrer Beziehungen und Ihrer beruflichen Erfüllung in die eigenen Hände zu nehmen und nicht an andere zu delegieren, ist einer der wichtigsten, die Sie für sich und Ihr Wohl tun können. Der Insight-Out-Prozess unterstützt Sie dabei und bietet

Ihnen eine Struktur, die Sie mit Ihren Inhalten füllen können – jederzeit.

Die Lebens- und Glücksgesetze gelten für uns alle und trotzdem durchlebt sie jeder auf seine Weise. Jeder Mensch muss seine Balance und sein eigenes Maß finden und leben. Dafür ist es so wichtig, sich seiner bewusst zu sein, sich gut zu kennen, zu spüren und zu pflegen. Dann gehen Sie Ihren eigenen Weg und bewegen sich mit den Glücksgesetzen.

Unser Alltag setzt sich aus vielen kleinen Handlungen zusammen, aus dem, was wir tun und warum, und aus der Art, wie wir es tun. Dort sitzt die größte Kraft, um alte, ungesunde Gewohnheiten auszuhebeln und neue, positive zu installieren. Sie steckt in den kleinen Dingen und Angewohnheiten, die oft unbeobachtet unser Leben regieren.

Mit dem Insight-Out-Prozess setzen Sie sich für Ihre Wünsche in Bewegung und wenden damit die Glücksgesetze zu Ihren Gunsten. Ihr Stressfass wird abnehmen, dafür aber Ihre Lebensenergie zunehmen und das Pendel wird wieder ausgewogener schwingen.

Sie werfen förderliche Komponenten in Ihre Waagschale, sodass Sie sich in Ihrer Spirale der Lebensqualität nach oben schrauben. Sie erschaffen spürbare Erfolge in Form von mehr Lebensenergie, Lebensfreude und Gesundheit auf allen Ebenen – wenn Sie dranbleiben.

Um neue, spannende Dinge zu entdecken und Veränderungen vorzunehmen, braucht es genügend Energie und einen freien Kopf. Also lehnen Sie sich immer mal wieder zurück und seien Sie einfach einmal nur Mensch. Das Leben kann so schön sein, wenn es einem gut geht. Dann ist mehr Kraft, Energie und Lebenslust vorhanden und mit den Beziehungen geht es auch viel besser. Alle Ihre Lebensbereiche werden davon profitieren. Nur den Alltag zu bewältigen und keine freien Kapazitäten mehr zu haben und vor lauter Gedanken nicht mehr in den Schlaf zu finden, dazu können Sie dann adieu sagen.

Mit den drei Glückskomponenten im Insight-Out-Prozess – sich kennen und spüren, sich lieben und wertschätzen, sich pflegen und fördern – setzen Sie positive Kreisläufe in Gang, die für Sie arbeiten. Das Ziel dabei ist, Ihre innere Kraftzentrale und Stabilität im Alltag zu stärken für eine bessere Gesundheit, mehr Entspannung, Ausgleich und Lebensfreude, innigere Beziehungen und um besser Grenzen setzen und positive Kontrolle gewinnen zu können. Sie werden sich freier und nicht hilflos den äußeren Umständen ausgeliefert fühlen.

Bei allen Glückskomponenten werden Sie Spielräume entdeckt haben, die Qualität Ihres Lebens, Ihrer Gesundheit und Beziehungen mehr in die eigene Regie zu nehmen und dies nicht mehr dem Zufall zu überlassen oder zu hoffen, dass alles gut wird. Die Erläuterungen und Übungen ließen Sie die drei Glückskomponenten verstehen und einen einfachen Plan erstellen, sodass das Glück greifbar und zugänglich für Sie wird, wann immer Sie es wollen.

Ich hoffe, Sie konnten viele Anregungen und Erkenntnisse für sich mitnehmen, die Sie persönlich und beruflich weiterbringen und darin bestärken, Sie selbst zu sein und gut auf sich und Ihr inneres Gefühl zu achten. Vertrauen Sie auf Ihre persönlichen Stärken und pflegen Sie sie. Lassen Sie die 3 Glückskomponenten zu neuen, alltäglichen Gewohnheiten werden, so wie das Zähneputzen, indem Sie sie so oft wie möglich bewusst wiederholen und üben, bis Sie Ihnen in Fleisch und Blut übergegangen sind. Setzen Sie also im Kleinen an, aber das so oft und regelmäßig wie möglich, das hat die größte Wirkung. Und lassen Sie sich dabei von Ihrer Freude leiten!

Glück ist kein Zufall: Saat und Ernte

Damit eine Saat langfristig aufgehen kann, müssen die Bedingungen stimmen. Sie muss zunächst auf fruchtbaren Boden fallen, dann braucht sie Aufmerksamkeit und Pflege – also genug Wasser und Sonne, vielleicht etwas Dünger – und natürlich müssen Schädlinge ferngehalten werden. Das alles haben wir hier im Buch zuerst im ungesunden und dann im gesunden Sinne gemeinsam durchgespielt.

Es verhält sich mit der Saat genauso wie bei unseren Talenten und Gaben, die wir ja alle mitbekommen haben. Das Vorhandensein der Saat allein bringt noch gar nichts. Wenn ich musikalisch bin, dann reicht es nicht aus, dass ich nur Musik höre oder davon träume, ein Instrument zu spielen, ich muss mein Talent aktivieren und loslegen – es tun. Ich brauche ein Instrument, einen Lehrer und ein paar Noten. Danach fängt die eigentliche Arbeit an. Ich muss natürlich spielen, hören lernen und üben, sonst wird aus der Saat nichts. Wenn ich nicht dranbleibe, gehen die erlernten Fähigkeiten auch wieder zurück.

Starke Nerven, positiver Antrieb und Motivation, jugendliches Aussehen, eine positive und inspirierende Ausstrahlung, viel Lebensfreude, Schaffenskraft und Lebenslust sind genauso wie erfüllende Beziehungen, Erfolg und Sinnhaftigkeit kein Zufall oder gar genetisch angelegt. Sie sind zuallererst eine Entscheidung, dann ein Tun und kontinuierliches Umsetzen.

Sie tragen alle Fähigkeiten in sich, um ein gesundes und erfülltes Leben zu führen. Dieses Buch ist Ihnen dabei Anleitung und Hilfe. Machen Sie ein Experiment oder ein Spiel daraus – je nachdem, was für ein Typ Sie sind –, sich rundum so richtig gut zu fühlen. Hoffen Sie nicht länger auf Veränderung, nehmen Sie

sie selbst in die Hand! Vielleicht helfen Ihnen meine drei Tipps zum Abschluss.

Das Dreimaldrei der Lebensqualität

1. **Nutzen Sie Ihr Smartphone neu.**
   Lassen Sie jedes Piepsen Ihres Smartphones eine Erinnerung an den Insight-Out-Prozess sein und fragen Sie sich:
   1. Wie geht es mir gerade? Atmen Sie durch, um besser spüren zu können: Steht Ihre Stressampel auf Rot, Gelb oder Grün?
   2. Was brauche ich oder wie kann ich mir das Leben gerade leichter machen?
   3. Was kann ich mir jetzt konkret Gutes tun?

2. **Seien Sie sanft mit sich selbst und anderen.**
   Überdosierung schadet dabei nicht.
   1. Loben Sie sich selbst und machen Sie sich Komplimente: dreimal täglich.
   2. Machen Sie anderen Komplimente: dreimal täglich.
   3. Sagen Sie Danke, auch für kleine Dinge: dreimal täglich.

3. **Der Start in den Tag legt den Grundstein, wie er laufen wird.**
   Stellen Sie sich die drei Morgenfragen:
   1. Worauf freue ich mich heute besonders?
   2. Wie will ich heute in die Welt treten?
   3. Was kann ich mir und anderen Gutes tun?

Vergessen Sie nie, dass Sie viel mehr Kraft und Einfluss auf Ihr

Leben haben, als Sie glauben. Sie brauchen nur sich selbst dafür, um JETZT zu starten! Für Glück braucht es dieselbe Aufmerksamkeit und Energie wie für Unglück – wofür entscheiden Sie sich?

MEIN GESCHENK FÜR SIE

Sowohl der Insight-Out-Prozess – von innen nach außen zu leben – als auch die Glücksgesetze haben noch sehr viel mehr zu bieten an wichtigen, wissenswerten Inhalten.

Zusätzlich zum Buch biete ich Ihnen Unterstützung und Begleitung mit meinen kostenfreien Videos, die Sie auf Ihrem Weg noch besser voranbringen und die die einzelnen Kapitel, Facetten und Themen hilfreich erläutern und mit weiteren wichtigen Informationen vertiefen. Gehen Sie dafür auf

www.gluecksgesetze.com

und holen Sie sich dort Ihr Geschenk ab.

Uma Ulrike Reichelt

LITERATUREMPFEHLUNGEN

Huffington, Arianna: Die Neuerfindung des Erfolgs, München 2014.

Covey, Stephen R.: Die 7 Wege zur Effektivität, München, 1996.

Mein herzlicher Dank geht an Atma Gliéca, Anja Rossmanit, Tanja Beversdorf und Dr. Diana Bergmann für ihre Unterstützung und Beratung sowie an Manuela Winkler für ihr ausgezeichnetes Lektorat.

MEHR ENTSPANNUNG

UND

LEBENSFREUDE ERLEBEN

Erlernen Sie schon an einem Wochenende oder in 3 Einzelsitzungen, entspannter und leichter zu leben und zu arbeiten!

Was Sie bei uns erwartet:

- *Alltagsstress abbauen und Kraft auftanken: Sie werden besser herunterschalten, schlafen und regenerieren können und Ihre Konzentration und Leistungsfähigkeit verbessern, stressbedingte Ausfallzeiten werden verringert*
- *Persönliche Krisenbewältigung*
- *Emotionale Krisenbewältigung, zum Beispiel bei Trennungen, Verlusten, Krankheiten, Ängsten, Unsicherheiten und depressiven Zuständen*
- *Verarbeitung traumatischer Erlebnisse: Schock- und Traumalösung, zum Beispiel nach Unfällen, plötzlichen Verlusten, Naturkatastrophen und Terroranschlägen*
- *Burnout-Prophylaxe für Unternehmen und Organisationen*
- *Stressbewältigung für helfende Berufe, wie Ärzte, Krankenschwestern und Pfleger*
- *Stress- und Krisenmanagement für besondere Berufsgruppen, wie Angehörige der Polizei, Feuerwehr oder Armee, Rettungskräfte und Menschen, die in Krisengebieten arbeiten*

Unsere Hauptmethoden zur Stressbewältigung & Steigerung der Energie sind:

- *EFT – Emotional Freedom Techniques, Klopfakupressur*
- *TRE® nach Dr. David Berceli – Körperübungen zur Lösung von Anspannung, Stress und Traumata*
- *Meditative Körper- und Atemübungen*

Mehr Informationen zu Workshops und Einzelarbeit erhalten Sie unter:

www.uma-u-reichelt.com
mail@uma-u-reichelt.com

dielus

dielus **edition**

Bücher für ein besseres Leben

Dieter L. Schmich

Jobsuche mit 45plus

Im besten Alter gelten andere Bewerbungsregeln

ISBN 978-3-9815711-3-4

Luca Rohleder

Die Liebe empathischer Menschen

Die Gratwanderung zwischen wahrer Liebe und seelischen Verletzungen

ISBN 978-3-9817975-8-9

Michaela Schubert

Essstörungen – Was ist das?

Das ABC der Magersucht, Ess-Brech-Sucht und Essanfallstörung

ISBN 978-3-9818928-2-6

---

dielus

dielus edition

Bücher für ein besseres Leben

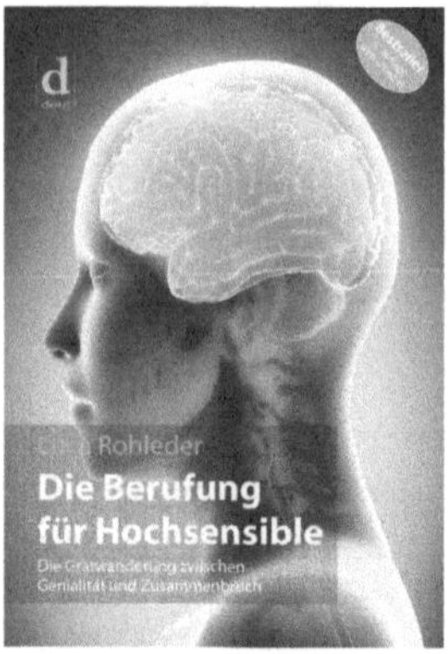

Luca Rohleder

Die Berufung für Hochsensible

Die Gratwanderung zwischen
Genialität und Zusammenbruch

ISBN 978-3-9815711-4-1

Luca Rohleder

Jobsuche in schwierigen Fällen

Mit Bewerbungen im verdeckten Stellenmarkt
Handicaps erfolgreich kompensieren

ISBN 978-3-9818928-0-2

Sandra Tissot

Hochsensibilität und die berufliche Selbstständigkeit

Wie sich ein Sensibelchen selbstständig machte und
seine Lösung für das hochsensible Berufsleben fand

ISBN 978-3-9817975-6-5

---

dielus edition
Bücher für ein besseres Leben

Leila Christiane Jäger, Anette Koestner
Sprich mit deinem ungeborenen Kind
Mit Meditationstechniken erfahren,
wie es dem Baby geht und was es möchte
ISBN 978-3-9817975-2-7

Silvia Christine Strauch
Meine Hochsensibilität positiv gelebt
Persönliche Einsichten aus
einem langen, bewegten Leben
ISBN 978-3-9817975-0-3

Monika Richrath
EFT–Klopftechnik für Hochsensible
Wie Sie in nur 2–5 Minuten mehr
Lebensfreude herbeiklopfen können
ISBN 978-3-9817975-4-1

---

dielus

dielus **edition**

Bücher für ein besseres Leben